Dipl.-Kfm. Ludwig Briehl

Triebe und Bedürfnisse und ihre Auswirkungen auf die menschliche Motivation

Ein ganzheitliches Erklärungsmodell der Motivation und des menschlichen Verhaltens

Bisher werden die Bedürfnistheorien, die versuchen, menschliches Verhalten zu erklären, in Inhaltstheorien (z. B. Maslow, Herzberg, Alderfer, McClelland, McGregor) und Prozesstheorien (z. B. Vroom's Expectancy Theory, Adams' Equity Theory, Skinner Reinforcement Theory) unterteilt. Es existiert kein ganzheitlicher Erklärungsansatz für menschliches Verhalten.

Dieses Werk entstand als fortführende Ergänzung des Werkes "Der getriebene Mensch", erschienen im Jahre 2005. Es will diese Lücke schließen und Motivation ganzheitlich als in sich nicht widerspruchsfreies, inhalts- und prozessorientiertes, multifaktorielles Geschehen erklären.

Der Autor ist als Coach, Trainer und Dozent für Unternehmen und Institutionen tätig.

Alle Rechte bei
Verlag für Mitarbeiterentwicklung Ludwig Briehl
Hewenstraße 11
78194 Immendingen

info@ifm-bildung.de

Erstauflage März 2013
ISBN: 978-3-941788-06-0

Impressum:
Inhalt und Darstellung des Werkes sind geistiges Eigentum des Autors. Der Inhalt selbst wurde sorgfältig recherchiert, bleibt aber ohne Gewähr für Richtigkeit und Vollständigkeit. Alle Rechte, insbesondere das Recht auf Vervielfältigung und Verbreitung sowie der Übersetzung, bleiben vorbehalten. Das Werk ist nur für den jeweils persönlichen Gebrauch des Käufers bestimmt und darf weder gewerblich noch zu Schulungszwecken verwendet werden. Kein Teil des Werkes darf weder der Form noch dem Inhalt nach in irgendeiner Form durch Fotokopie, Mikrofilm oder ein anders Verfahren ohne schriftliche Genehmigung des Autors reproduziert oder unter Verwendung elektronischer Systeme verarbeitet, vervielfältigt oder verbreitet werden.

Inhaltsverzeichnis

1 Leben aus naturwissenschaftlicher Sicht   1

2 Das Naturprogramm der Evolution   6

2.1 Wesen und Bedeutung des Selbstwertgefühls   7
     Die Auswirkungen von Erfolg auf das Selbstwertgefühl   8
     Die Wirkung eigener Fehler   10
     Wenn das Selbstwertgefühl defizitär wird
     - das verlorene Glück   11
     Nur meine Realität ist die wirkliche Realität!   13
     Die "Frischer Wind"-Falle in Unternehmen   17
     Das relative Selbstwertgefühl   18

2.2 Der Lebenstrieb - Sicherung der eigenen Existenz   22
     Das Bedürfnis danach, selbst zu (über-)leben   22
     Das Bedürfnis danach, unbedroht von außen in Sicherheit
     zu leben   23

2.3 Der Sexualtrieb - sexuelle Aktivität und Brutpflege   25
     Sexuelle Veranlagung des Mannes   27
     Sexuelle Veranlagung der Frau   29
     Partnerwahlverhalten von Mann und Frau   31
     Die real vorherrschenden Partnerschaftsformen   34
     Der Nachwuchspflegetrieb als Einbahnstraße   35

2.4 Der Geltungstrieb und seine Strebungen   36
     Das Bedürfnis danach, selbstbestimmt zu leben   36
     Das Bedürfnis nach Liebe, hoher Anerkennung
     und Fremdachtung   37
     Das Bedürfnis nach Macht   41
     Das Bedürfnis nach Genuss - Leben jetzt!   45
     Das Bedürfnis nach Rache   46

2.5 Der Effizienztrieb   48
     Das Wesen des Effizienztriebes   48
     Das Null-Max-Prinzip   51
     Das Minimalprinzip   53
     Das Maximalprinzip   55

2.6 Das Naturprogramm und seine Variationen   60

2.7 Resümee unserer Thesen aus diesem Kapitel   61

3 Gefühle - wie sie entstehen und was sie bezwecken   63
    Physiologisch begründete Gefühle   65
    Psychologisch begründete Gefühle   66
    Zufriedenheit und Unzufriedenheit   68
    Die besondere Bedeutung der Erwartungen   68
    Glücklich sein und unglücklich sein   71

4 Motivation - was ist das?   72
    Aktive Motivation   72
    Passive Motivation   75
    Die Arten der Motivation   77
        Primäre Motivation   77
        Sekundäre Motivation   78
        Tertiäre Motivation   79
    Das Dilemma unserer Bedürfnisstruktur   80
    Suggerierte Bedürfnisbefriedigung gegen Bedürfnisdefizite   81
    Entscheidung über eigene Aktivität und Inaktivität   82
    Nutzenrechnung   87
    Aufwandrechnung   91

5 Wie der Effizienztrieb unsere Motivation beeinflusst   96
    - Zielerreichung durch Aktivierung anderer
    Schaubild der Motivationsstruktur   98
    Schaubild der unterschiedlich motivierten Aktivitäten   99

6 Das archaische Spontanverhalten der Menschen   100

7 Selbstverwirklichung in sozialer Verantwortung
- das Menschenprogramm   110
    Über Persönlichkeitsentwicklung sein Glück finden   111
    Entwicklung eines positiven Selbstwertgefühls   112
    Entwicklung eines partnerschaftlichen Wertesystems   114
    Das Naturprogramm kontrollieren   116
    SchaubildSpontanverarbeitung nach dem Naturprogramm   118
    SchaubildErsatz der Spontanverarbeitung
    durch Rationalverarbeitung   119

Die Weisheit des Altertums   120

Literaturverzeichnis   122

Verzeichnis der Abbildungen   144

1 Leben aus naturwissenschaftlicher Sicht

$E = mc^2$ [Energie = Masse x Lichtgeschwindigkeit im Quadrat]
Leben an sich bedingt einen unablässigen Prozess der Energieumwandlung. Alle Lebenssysteme, und damit auch wir Menschen, sind, fern von Metaphysik und Religion rein naturwissenschaftlich betrachtet, dauerhaft Energie umwandelnde Systeme. Bereits in Ruhe im Bett liegend, also ohne auch nur einen Finger zu rühren, "verbraucht" ein 70 kg schwerer Mann etwa 8.400 kJ (früher 2.000 kcal) / 24 Std. (Silbernagel & Despopoulos, 1983) nur um das "System Mensch" am Leben zu halten. Er verbrennt dabei unablässig fast so viel Energie wie eine 100 Watt starke Glühbirne. Das bedeutet, dass sich das "System Mensch" aufgrund des ständigen "Energieverbrauchs" ohne relativ gleichmäßige Energiezufuhr, die mindestens dem Verbrauch entsprechen muss, relativ schnell erschöpft und zusammenbricht. Das Lebewesen ist dann für immer tot ohne Chance auf einen Reset.
Verfügen wir über einen unbegrenzten Energievorrat, aus dem wir dauerhaft Energie entnehmen können, um das "System Mensch" am Laufen zu halten? Nein! Diese Tatsache macht das "System Mensch" sehr labil. Über Energieeinsparung, Ruhe und Schlaf zur Erholung des Systems, Kleidung und Behausung zur Wärmedämmung können wir den "Energieverbrauch" reduzieren, aber nie vermeiden. Wenn wir über einen längeren Zeitraum leben wollen, müssen wir es schaffen, dem "System" in kurzen Intervallen Energie und Flüssigkeit zuzuführen.

Damit beginnt **das Dilemma des Lebens**.
Für Energiezufuhr zu sorgen bedeutet für Mensch und Tier, sich aus dem Nichtstun, dem niedrigst möglichen Energieverbrauch - quasi einem Energiesparmodus - zu lösen und in den Aktivmodus hochzuschalten um aktiv nach Energiequellen suchen und diese ausbeuten zu können.
Aktivmodus bedeutet Energieverbrauch - wir wollen diesen Ausdruck plakativ verwenden auch wenn wir wissen, dass der Satz von der Erhaltung der Energie gilt - als notwendige Investition, um an Energiequellen zu gelangen, die uns das Leben sichern. Sich mit Energie zu versorgen ist daher im Normalfall grundsätzlich mit physischen und psychischen Anstrengungen, also mit oft mühsamem Energieeinsatz, verbunden. Denken Sie dabei nicht an Europa, wo man das Geld, zur Materie gewordene Energie, von der Bank holt. Denken Sie bitte daran, wie sich die Menschen in der Steinzeit anstrengen mussten und sich auch heute noch in der Sahelzone, in Indien, in den Slums von Südamerika

tagtäglich anstrengen müssen, um zumindest die Energie zu erhalten, die ihnen das Überleben für heute sichert.

Da stellt sich aber doch die Frage: Aus welchem Grund soll ich überhaupt leben? Aus welchem Grund soll ich ständig aktiv werden, mich ständig abmühen auf der Suche nach Wasser und Energie nur um irgendwie zu leben?

Betrachten wir einmal das Leben vom Zeitpunkt seiner Entstehung an. Es entstand vor etwa 3,5 Milliarden Jahren. Bis zu Ihnen, der Sie dieses Buch jetzt lesen, ist seit diesem Zeitpunkt die Kette des Lebens niemals durchbrochen worden, sonst würden Sie nicht existieren (siehe Darwin 1872). Lebewesen, die sich der Suche nach Energie verweigert hatten, konnten ihre Gene nicht weitergeben.

Dass die Lebenskette bis zu Ihnen nicht abgerissen ist, ist also ganz allein darauf zurückzuführen, dass nur die Lebewesen auch überlebten, die genetisch so programmiert sind, dass sie selbst überleben wollen (siehe Darwin 1872, Dawkins 1989).

Warum sollten aber Lebewesen leben wollen? Weil sie unbewusst die Gewissheit in sich tragen, dass es sich für sie lohnt zu leben! Dieses Hintergrundrauschen der Evolution hat sich als Grundbotschaft durchgesetzt:

Du persönlich bist einzigartig, bedeutend und wichtig!
Und Du wirst Dein Glück finden!
Es lohnt sich daher für Dich, dass Du persönlich lebst.

Diese Botschaft verleiht der Existenz jedes Menschen einen ganz persönlichen Sinn, da sie ein positives Selbstwertgefühl manifestiert, aus dem heraus wir uns zutrauen, das Leben zu meistern (vergl. Bandura 1977u. 1986, Schwarzer 1998, Merton 1963) um so unser Glück zu finden (siehe auch Buss 2000).

Der Soziologe Alphons Silbermann gab in einer Talkshow am 03.09.1999 mit über 90 Jahren auf die Frage: „Was wollten Sie denn als Kind werden?" zur Antwort: „Ich hatte mir vorgenommen, bedeutend und berühmt zu werden!" Und wir meinen: So wie bei Herrn Silbermann ist im Prinzip das Selbstwertgefühl aller Menschen ausgerichtet! Von jung auf verspüren wir die eigene Einzigartigkeit und Wichtigkeit, der wir so gerne glauben. Oder spüren Sie etwa nicht diese Gewissheit, wichtig zu sein und fähig, etwas aus sich machen zu können um eines Tages glücklich zu sein?

Selbst wenn es auf der Erde nicht so klappt: Das Streben nach eigener Bedeutung und immerwährendem Glück findet seinen Niederschlag in allen Religionen, die uns sagen: Du bist unsterblich und eines Tages für immer glücklich! Der Ort des immerwährenden Glücks sind die ewigen Jagdgründe, das Nirwana, der Himmel. Sogar in Naturreligionen sind die Geister der Ahnen allgegenwärtig, weil unsterblich.
Gerne verdrängen wir daher alles, was mit eigener Vergänglichkeit zu tun hat:
Wir sind geboren, um ewig glücklich zu sein!

Schon Aristoteles - ich könnte auch auf Sokrates, Platon, Epikur verweisen - erkannte, dass wir Menschen von unterschiedlichen Strebungen getrieben viele Ziele verfolgen. Doch letztendlich gibt es für uns nur ein Ziel, das allen anderen übergeordnet ist: "die Glückseligkeit" zu erlagen! Denn „Glückseligkeit stellt sich dar als ein Vollendetes und sich selbst Genügendes, da sie das Endziel allen Handelns ist" (Aristoteles, Nikomachische Ethik I, fünftes Kapitel letzter Satz).

Aber was ist die Glückseligkeit? Und wie kann man sie erreichen?
Auf diese Fragen gibt es anscheinend keine einfachen Antworten.
"Was aber die Glückseligkeit sein soll, darüber entzweit man sich, und die Menge erklärt sie ganz anders als die Weisen. Die einen erklären sie für etwas Greifbares und Sichtbares wie Lust, Reichtum und Ehre, andere für etwas anderes, mitunter auch dieselben Leute bald für dies, bald für das: "Der Kranke für Gesundheit, der Notleidende für Reichtum, und wer seine Unwissenheit fühlt, bewundert solche, die große, seine Fassungskraft übersteigende Dinge vortragen" (Aristoteles, Nikomachische Ethik I, zweites Kapitel 1097 b 19-21.)
Und so definiert sich jeder Mensch selber viele kleine Ziele mehr unbewusst (siehe Freud 1992) als bewusst, um über deren Verwirklichung letztendlich das große Oberziel "Glücklich sein" zu erreichen. Um welche Ziele und Unterziele es geht, soll zunächst ein kleiner Test erfasschen, wenig anspruchsvoll, aber wichtig. Er hilft, den Inhalt des Buches leichter zu erschließen. Die Aufgabe ist sehr einfach: Wählen Sie bitte unten unter den zwei Alternativen einer Zeile aus, was Sie persönlich lieber möchten!

Eine der Aussagen werden Sie lieber mögen als die andere. Sie finden vor jeder Alternative eine Ziffer und einen Buchstaben. Tragen Sie bitte den Buchstaben, der vor dem Ausdruck steht, den Sie gewählt haben, rechts in das Kästchen neben der vorgestellten Ziffer ein.

Beispiel: Wenn Sie in der ersten Reihe die Alternative "missachtet werden" wählen, tragen Sie bitte den Buchstaben "Q" auf der nächsten Seite in das Feld über der Zahl 7 ein. Falls Sie die Alternative wählen "geachtet und respektiert werden", tragen Sie bitte den Buchstaben "R" auf der nächsten Seite in das Feld über der Zahl 7 ein und so weiter, bis alle Paare abgearbeitet sind.

	Ich möchte lieber ...		als ...
7 Q	❏ missachtet werden	7 R	❏ geachtet und respektiert werden
8 O	❏ selbst bestimmen	8 P	❏ durch andere fremdbestimmt werden
6 H	❏ zu den Versagern / Outsidern zählen	6 P	❏ zu den Erfolgreichen / Insidern zählen
12 M	❏ zeigen, was ich kann	12 L	❏ abhängig handeln müssen
5 V	❏ unwissend und uninformiert sein	5 R	❏ wissend und informiert sein
9 G	❏ als ehrenhaft und edel gelten	9 R	❏ als unehrenhaft und unedel gelten
11 U	❏ beschimpft werden, wenn ich einen Fehler gemacht habe	11 A	❏ Verständnis finden, wenn ich einen Fehler gemacht habe
4 U	❏ körperlich sicher leben	4 G	❏ in Unsicherheit leben
10 R	❏ Ehrlichkeit von meinem Partner	10 J	❏ von meinem Partner angelogen werden
16 C	❏ immer nur das Notwendigste haben	16 B	❏ das Leben genießen
2 A	❏ gut unterhalten werden	2 D	❏ mich langweilen lassen

15 E	❏ sachlich angesprochen werden	15 H	❏ verarscht werden
3 P	❏ respektlos behandelt werden	3 T	❏ mit Respekt behandelt werden
13 M	❏ bewundert werden	13 N	❏ verachtet werden
14 B	❏ abgelehnt werden	14 L	❏ geliebt werden
1 N	❏ unterstützt werden, wenn ich nicht weiter weiß	1 A	❏ keine Unterstützung haben, auch wenn ich nicht weiter weiß
17 E	❏ dass sich mein Einsatz muss sich für mich lohnt	17 C	❏ dass mein Einsatz in erster Linie anderen nutzt
18 N	❏ zur Erledigung einer Arbeit so viel Anstrengung wie notwendig auf mich nehmen	18 F	❏ so viel Anstrengung wie möglich auf mich nehmen

1	2	3	4	5	6	7	8	9	10	11	12	13

14	15	16	17	18

Sie haben bei diesem Test die Wortfolge herausgearbeitet:
NATURPROGRAMM LEBEN!

Damit haben Sie die gleiche Wortfolge erarbeitet wie mehr als 99% aller, die sich an dem Experiment beteiligen. Weshalb ist das so?

2 Das Naturprogramm der Evolution

Das Ergebnis dieses Tests ist ein Indikator dafür, dass alle Lebewesen und auch wir Menschen in ihren Genen ein Naturprogramm in sich tragen, dem das Verhalten grundsätzlich folgt, auch wenn dies den Lebewesen nicht immer auf Anhieb bewusst ist (vergl. Freud 1992). Ich glaube nicht, dass ein Reh weiß, weshalb es leben soll. Aber sein Naturprogramm richtet sein Verhalten so aus, dass es leben will. Daher frisst es, wenn es Hunger hat, trinkt es, wenn es durstig ist, und flieht es, wenn es sich von Feinden bedroht fühlt. Und wir Menschen handeln genauso, aber etwas umfassender.

Unser Naturprogramm manifestiert sich in vier Urtrieben, aus denen heraus wiederum Bedürfnisse erwachsen, die uns unablässig dazu "motivieren", diese Bedürfnisse nach Möglichkeit ständig in einem befriedigten Zustand zu halten, um so Zufriedenheit und Glück zu finden (vergl. Darwin 1872, Dawkins 1989, andere Meinung z. B. Maslow 1989; Alderfer 1972; McClelland 1961).

Basis unserer Existenz ist ein positives Selbstwertgefühl. Darauf aufbauend folgen Lebenstrieb, Sexualtrieb und Geltungstrieb als Zieltriebe sowie der Effizienztrieb als Prozesstrieb. Die Zieltriebe möchten uns zu bestimmten Zielen führen, während der Prozesstrieb den Weg zum Ziel bestimmen will.

Unablässig streben wir nach Befriedigung der Zieltriebe (Geltungstrieb, Lebenstrieb, Sexualtrieb) über im Sinne von Aufwand / Ertrag optimierte, das heißt effiziente Verhaltensweisen, deren Steuerung durch den Effizienztrieb erfolgt. Zunächst nehmen wir passiv, also ohne eigenen Energieaufwand zu betreiben, alles Erwartete und Unerwartete von anderen an (passive Motivation), was subjektiv zur Befriedigung der eigenen Triebe und der daraus erwachsenden Bedürfnisse dient.

Wenn passives Verhalten nicht reicht, müssen wir uns selbst oder andere unter Energieaufwand zu Handlungen aktivieren (aktive Motivation), die Umwelt so gestalten, dass sie unserer eigenen subjektiv optimalen Bedürfnisbefriedigung dient bzw. Zustände vermeidet oder abwehrt, von denen wir subjektiv erwarten, dass sie Defizite in unserer Trieb- und der daraus erwachsenden Bedürfnisstruktur erzeugen (siehe auch Festinger 1957). Das ist das Grundmuster.

2.1 Wesen und Bedeutung des Selbstwertgefühls
Wie das Naturprogramm im Detail funktioniert

Als Teil des Geltungstriebs ist der empfundene Selbstwert der Basistrieb, der den Lebenstrieb überhaupt erst zur Entfaltung kommen lässt (andere Meinung Maslow 1989). Daher ist das Streben nach einem positiven Selbstwertgefühl von elementarer Bedeutung. Nur ein positives Selbstwertgefühl hält den Lebenstrieb und damit das Streben des Individuums, sich physisch zu erhalten, intakt (vergl. Higgins 1989, Leary & Baumeister 2000). Selbstwert, auch Selbstkonzept oder Selbstbild, ist das Wissen über uns selbst (vergl. Kihlstrom & Klein 1994, Brandtstädter & Greve 1994). Solange das Wissen in uns ist, selbst wichtig, wertvoll und über das Erreichen selbstgesteckter (Lebens-)Ziele fähig zum Erreichen des Ziels "Glücklich sein", bleibt dieser Selbstwert positiv.

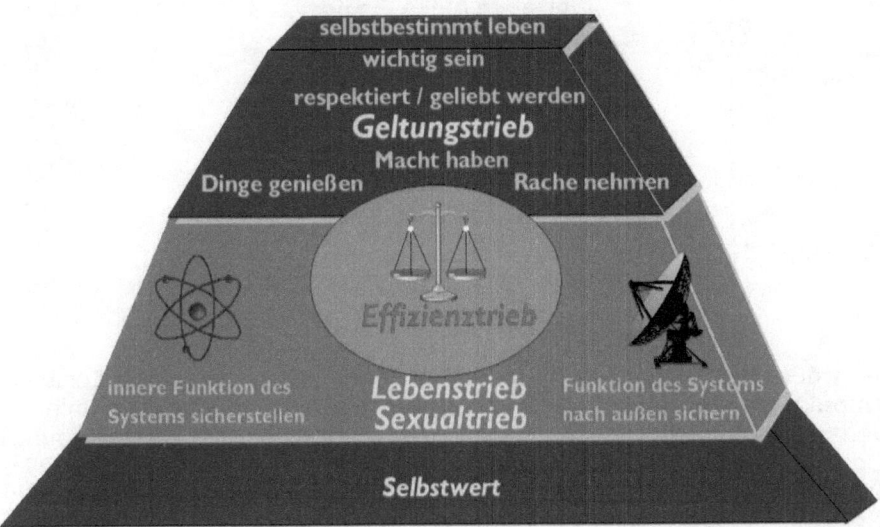

Das Naturprogramm

Und solange er positiv ist, glauben wir an uns, trauen uns etwas zu (siehe Bandura 1977) und erreichen es auch besser, als wenn wir nicht an uns glauben (siehe Merton 1963).

Die Auswirkungen von Erfolg auf das Selbstwertgefühl

Aus dem Glauben an die eigene Stärke erwächst in uns ein Streben danach, ein Superman zu sein. Superman zu sein ist toll, denn Superman steht ganz oben! Und Superman wird man mit jedem Erfolg ein bisschen mehr. Sobald wir nämlich subjektiv eine Leistung, einen Erfolg uns selbst zuschreiben können, erleben wir auch ein Gefühl des Glücks (vergl. Csikszentmihalyi 1996 u.1998, Rheinberg 2002). Gleichzeitig steigt das Selbstwertgefühl in Richtung Superman schlagartig an.

Der Einfluss von Erfolg auf das Selbstwertgefühl

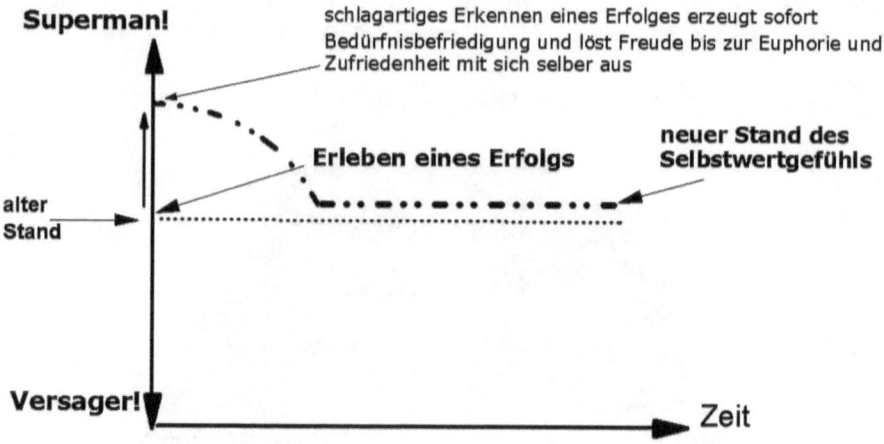

Je größer und eindeutiger ein Erfolg durch selbst erbrachte Leistung empfunden wird, umso stärker sind die empfundenen Glücksgefühle als verlässliche Indikatoren für die Stärke der erlebten Bedürfnisbefriedigung. Doch glückliche Momente sind nur von kurzer Dauer (siehe Wolf 1999). Das Glücksgefühl ebbt schnell wieder ab, und auch das Selbstwertgefühl sinkt, pegelt sich jedoch mehr oder weniger deutlich über der alten Basis neu ein. Das bedeutet aber, dass das Selbstwertgefühl mit der Anzahl erlebter Erfolgserlebnisse immer weiter steigt, mit nach oben offener Skala! Je größer das Erfolgserlebnis, umso stärker ist der Anstieg. Das kann dann auch Schattenseiten mit sich bringen. Zwischen einem positiven Selbstwertgefühl und partiellem Größenwahn liegt nämlich nur ein kleiner Schritt. Steigt das Selbstwertgefühl allzu übermächtig an, hat das zur Folge, dass der Bezug zur Realität zu leiden beginnt. Superman ist besser, weiß alles besser und kann alles besser. Und weil Superman sich "perfekt" fühlt, wird er langsam aber sicher beratungsresistent und damit tendenziell beziehungsuntauglich.

Vorgesetzte neigen dann dazu, Kritik als ungerechtfertigte Majestätsbeleidigung zu empfinden, die Sanktionen gegen die Kritiker erfordert. Politiker, Firmengründer, Sportler oder Stars aus dem Showbusiness, die sich von "weit unten" zu Reichtum, Macht und Berühmtheit hochgearbeitet haben, laufen Gefahr, die Bodenhaftung zu verlieren.

Auch Intellektuelle, die ironischerweise ihr Selbstwertgefühl über die Stärke ihres Intellekts definieren, erliegen häufig dem Trugbild eigener Omnipotenz. Im Rahmen einer Befragung von Dunning und Hayes schätzten sich 94 % aller befragten Professoren für überdurchschnittlich im Vergleich zu ihren Kollegen ein (Dunning & Hayes 1996). Und auch "edle Geburt", oder allein nur Nachkomme steinreicher Eltern zu sein, kann zu einem überdimensionierten Selbstwertgefühl führen.

Im Altertum ließen sich Pharaonen, Kaiser, Könige und Feldherrn mit übersteigertem Selbstwertgefühl gerne auch mal als "Gott" verehren. Diese Möglichkeit besteht in der Neuzeit leider nicht mehr. Doch in Ländern wie Nordkorea, China, Weißrussland und vielen Staaten der ehemaligen UdSSR ist Kritik an den Staatsführern faktisch verboten. Wagen es dennoch einzelne, den Staatsapparat zu kritisieren, werden sie mit völlig überzogenen Sanktionen belegt.

Und weil jeder Superman werden will, lieben wir es, wenn andere uns loben, uns zutrauen, Superman zu sein. Motivationstrainer, die den Menschen Erfolg aus eigener Kraft versprechen:"Auch Du kannst Superman sein!", "Du schaffst es!" haben Zulauf ohne Ende. Ihre Botschaften, die wir potenziellen Supermänner so lieben, treffen das tiefste Innere unserer Seele.

Umgekehrt ist es bei Kritik. Die wird nicht gerne gehört, da sie sofort als Quelle eines Bedürfnisdefizits wirkt und daher negative Gefühle in uns auslöst. Aber auch das Selbstwertgefühl leidet.

Die Wirkung eigener Fehler

Eigene suboptimale Leistungen wirken sich grundsätzlich negativ auf unsere Bedürfnisstruktur aus. Jeder Misserfolg wird sofort als Versagen und damit als Bedürfnisdefizit erlebt. Dies führt augenblicklich zu negativen Gefühle und einem Absturz unseres Selbstwertgefühls. Wir fühlen uns unglücklich. Der Absturz ist umso tiefer, je schlimmer der Fehler in seinen Auswirkungen subjektiv von uns selbst wahrgenommen wird. Denn Fehler können mit materiellen Folgen in Form von Mehrarbeit, Nacharbeit usw. einhergehen. Aber meist werden subjektiv die immateriellen Folgen des Fehlers in Form von erlebtem Kompetenzdefizit, verbunden mit Ansehens- und Gesichtsverlust bei anderen, als noch gravierender erlebt.

Ergebnis? Das Selbstwertgefühl stürzt augenblicklich steil ab! Die Stärke der empfundenen negativen Gefühle ist dabei verlässlicher Indikator für die Stärke des erlebten Bedürfnisdefizits.

Vom erreichten Tiefpunkt aus steigt das Selbstwertgefühl jedoch allmählich und mit Hilfe unterschiedlicher Techniken wieder an, um sich aber dennoch mehr oder weniger deutlich unter der alten Stärke, dem alten Stand neu einzuordnen.

Der Einfluss suboptimaler Leistung auf das Selbstwertgefühl

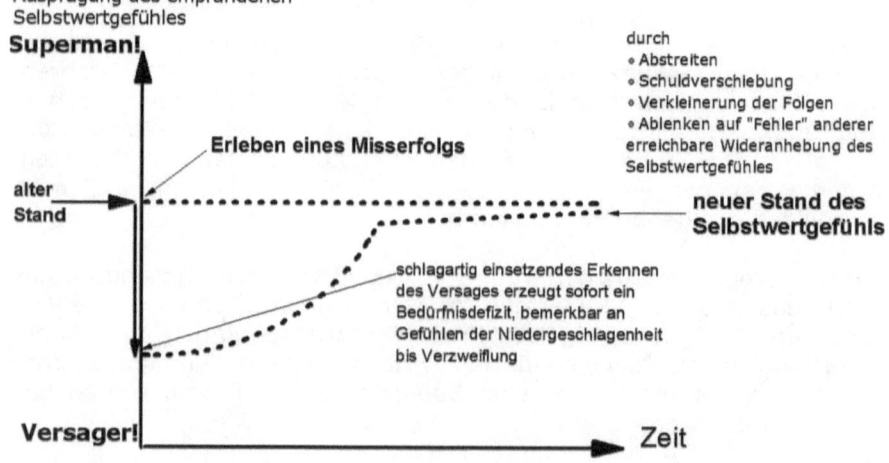

Wenn das Selbstwertgefühl defizitär wird - das verlorene Glück
Je häufiger, je größer und bedeutender "eigene Fehler und eigenes Versagen" realisiert werden, umso tiefer sinkt das Selbstwertgefühl ab, umso nachhaltiger erleben wir das Gefühl, unglücklich zu sein. Und das kann ganz üble Folgen für das Streben nach Überleben mit sich bringen. Unterschreitet das Selbstwertgefühl ein bestimmtes negatives Niveau nach unten, wird es problematisch. Wenn ein Mensch subjektiv empfindet, dass er wichtige materielle oder immaterielle Lebensziele / Menschen nicht (mehr) erreicht / verliert, über die er sein Glück, seine Bedeutung und Wichtigkeit definiert hat, oder von anderen, ihm sehr wichtigen Menschen, als nutz- und wertlos beurteilt wird oder in einem ausweglosen Konflikt steckt, da er sich von anderen Menschen, durch eigene Süchte (Drogen, Alkohol, Spielsucht), durch eine Krankheit oder Folgen eines Unfalles ausweglos dominiert fühlt, dann kann es so weit kommen, dass er subjektiv als Gewissheit verinnerlicht: Ich werde nie mehr glücklich sein!
Hat er keine Hoffnung (mehr) auf eine nachhaltige positive Veränderung dieses Zustandes, bleibt ihm also der Glaube an eine mögliche positive Lebensvision verloren, verspürt er subjektiv die Gewissheit, nie mehr glücklich sein zu können, da er sich als völlig unnütz, unwichtig, unfähig oder wertlos empfindet (vergl. Comer 1995), kann er von existenziellen Zweifeln befallen werden, die letztendlich in Fragen münden wie:
Welchen Sinn (Nutzen) kann ich nun (noch) im Leben finden?
Wenn es aber kein Glück mehr für mich gibt: Weshalb sollte ich leben?

Da auf diese Fragen unter den geschilderten Umständen keine sinnvollen Antworten zu finden sind, kann Selbstvernichtung eine logische Folge sein: Ein nicht (mehr) vorhandener Geltungstrieb ist für den Effizienztrieb das Signal, den Lebenstrieb abzuschalten! Dann gehen Menschen freiwillig aus dem Leben. Der Nutzen der Selbsttötung liegt für sie subjektiv darin, weitere schwerwiegende dauerhafte Bedürfnisdefizite und den daraus folgenden permanent empfundenen Zustand des "Unglücklichseins" zu beenden. Und so arbeiten manche Menschen ganz bewusst auf ihren Tod hin: Menschen, die vom Leben enttäuscht sind, die harte Schicksals-schläge hinnehmen mussten oder die in ihren eigenen Augen versagt haben. Was auch immer die Ursache ist: Sobald es keine Hoffnung auf Glück mehr gibt, sondern die subjektive Gewissheit eines immer-währenden Lebens im Zustand "Unglücklich sein" das Denken beherrscht, ist das Leben nicht mehr lebenswert. Es ist bekannt, dass viele Menschen, insbesondere Menschen, die im Berufsleben oder als Politiker "wichtig" waren, Sinnkrisen nach der Pensionierung oder ihrer Abwahl durchmachen, die dramatisch enden können. Menschen, die durch Unfälle gelähmt werden, wichtige Gliedmaßen oder die Funktion wichtiger Sinne, wie z. B. die Fähigkeit zum Sehen verlieren, sind zu Beginn des erlebten Verlustes suizidgefährdet.

Alte Menschen, die in Altersheime verfrachtet werden oder denen der Lebenspartner stirbt, sterben oft danach sehr schnell, weil sie ihren Lebenstrieb abschalten. Nicht zuletzt nehmen sich insbesondere junge Menschen sogar aus Liebeskummer das Leben, wenn sie annehmen, dass ihr Lebensglück ohne einen ganz bestimmten Partner nicht möglich ist. Nach Angaben des Statistischen Bundesamtes[1] starben in den 80er Jahren in der BRD ca. 18.000 Menschen jährlich durch "Vorsätzliche Selbstbeschädigung". Dann ging die Zahl zurück, bis 2007 ein Tiefststand von 9.400 Fällen erreicht wurde. Seitdem steigt die Zahl wieder an. Sie lag im Jahr 2010 wieder bei 10.000 Suiziden. Das Zustandekommen dieser Entwicklung wissenschaftlich zu untersuchen, wäre sicher von Interesse. Alle 53 Minuten ging also 2010 ein Mensch freiwillig aus dem Leben! Das waren mehr Tote, als in der Summe durch Verkehrsunfälle, Drogen, AIDS und Mord ums Leben gekommen sind. Darüber hinaus kommt es sicher zu einer nicht unerheblichen Zahl an unerkannten Selbsttötungen, da Menschen oft aus Scham ihren Freitod als Unfall zu tarnen versuchen.

Männer begehen dreimal so häufig Suizid wie Frauen, aber die Anzahl der weiblichen Suizidversuche liegt deutlich über den männlichen.
"Abhängig, ausgeschlossen, sterblich - das sind grundlegende Kränkungen, die im Alter besonders deutlich werden", sagt Professor Martin Teising von der Fachhochschule Frankfurt, der Suizidalität im Alter seit Jahren erforscht. "Ältere Männer, die lebenslang gewohnt waren, Konflikte heldenhaft zu lösen, können unvermeidbare Kränkungen und Verluste kaum verarbeiten", sagt Teising. So sehen viele Männer die suizidale Flucht als einzige Möglichkeit, die Situation zu beherrschen. Diese Entwicklung wird häufig durch Depressionen verschärft, die die eigene Situation als auswegloser erscheinen lässt, als sie ist.[2]

Haben Menschen mit ihrem Leben abgeschlossen, können sie sich in ihren letzten Lebensstunden mit dem Ziel, wenigstens einmal in ihrem Leben so richtig Aufsehen zu erregen, sogar zum sinnlosen Gewalttäter entwickeln. Mit einem "Knall" abtreten: siehe Erfurt 2002, als ein Schüler in einem Gymnasium ein Blutbad anrichtete, bevor er sich selber tötete.

Nur meine Realität ist die wirkliche Realität!
Es ist also nicht gut für das Streben nach Überleben, wenn das Selbstwertgefühl negativ wird. Daher sind in uns Menschen einige Programme zur Korrektur der Realität installiert, von denen einige das Selbstwertgefühl aufwerten. So können sich eigene Erfolge, als Basis für ein positives Selbstwertgefühl, leichter einstellen (vergl. Miller & Ross 1975, Kruglanski, Baldwin & Towson 1985, Heckhausen 1989).
Eigene Leistungen bewerten wir tendenziell höher, als sie es objektiv verdienen. Dunning-Kruger-Effekt bezeichnet die Tendenz inkompetenter Menschen, das eigene Können zu überschätzen und die Leistungen kompetenterer Personen zu unterschätzen (Kruger & Dunning 1999). Und "Angeben" beschreibt die Tatsache, dass wir gerne dafür sorgen, dass andere unsere Erfolge auch nicht verpassen.

Realitätsverschiebung bei eigenen Fehlern und bei eigener Leistung

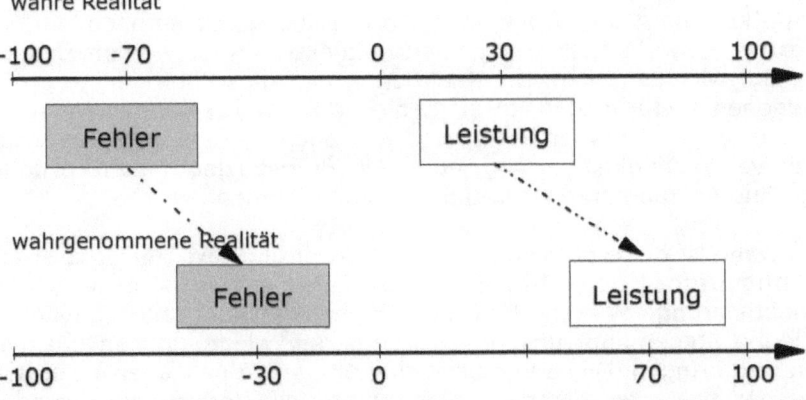

Und wenngleich wir unsere Leistungen schon höher bewerten, als sie sind, können sie in unseren Erzählungen nochmals größer werden. Wir kennen alle die Begriffe Anglerlatein oder Jägerlatein als Ausdrücke dafür, eigene Leistungen nach außen noch größer erscheinen zu lassen. Denn sowohl die Übertreibung eigener Leistung als auch das glatte Herbeilügen eigener Leistungen sind Mittel zur Steigerung unseres Ansehens bei den Menschen in unserer Umgebung, was wiederum positive Rückkoppelungen auf das eigene Selbstwertgefühl hat.

Eigene Fehler, wenn wir sie überhaupt zugeben, beurteilen wir jedoch milder in ihren Auswirkungen, als sie wirklich sind. Dies dient dazu, uns die Wirklichkeit so zurechtzubiegen, dass das Selbstwertgefühl in einem positiven Zustand gehalten wird (Stahlberg, Osnabrügge & Frey 1985) um keine psychosozialen Beeinträchtigungen mit depressiven Tendenzen bis hin zur Selbsttötung aufkommen zu lassen (Alloy & Abramson 1979; Baumeister 1993).

Fehler dürfen also nicht sein. Erkennen wir, dass uns ein Fehler unterlaufen ist, den andere auch noch bemerkt haben, folgt unser Verhalten einem bestimmten Ablauf. Erkennen wir, dass wir falsch gehandelt haben, dass es sinnvollere Alternativen zu unseren bisherigen Ansichten, zu unserem bisherigen Handeln, zu bisherigen Zielen gab, und realisieren wir subjektiv die negativen Auswirkungen des Fehlers auf die eigene Bedürfnisstruktur, kann das je nach Stärke des Fehlers fast einen Schock auslösen.

Wir erleben nun Ärger, Panik, Wut, Zorn, Hilflosigkeit, je nachdem, wie heftig die Auswirkungen des Fehlers subjektiv erlebt werden und wie "schuldig" wir uns fühlen! Die Reaktion erfolgt umso heftiger, je größer die eigenen Bedürfnisdefizite sind, die erlebt werden. Eine Weile, die durchaus länger anhalten kann, sind wir, auch in Abhängigkeit von der subjektiven Wichtigkeit der Angelegenheit, kaum zu geordneten Lösungen fähig. Eine Art momentaner Betäubung kann lähmend wirken.

Irgendwann ist diese passive Phase vorbei (vergl. Staw 1997). Es erfolgt nun mit dem Hochschalten in den Aktivmodus eine starke Eigenaktivierung. Wir checken ab, welche Handlungsalternativen zur Verfügung stehen, um unseren Geltungstrieb wieder in den positiven Bereich zu bringen. Diese Versuche sind umso heftiger, aber meist auch hektischer, je stärker materielle oder immaterielle Verluste, insbesondere Gesichtsverlust, vermutet werden.

Es erfolgt nun eine angestrengte Suche nach Wegen, Möglichkeiten und Argumenten, die es erlauben, den bisherigen Weg zu rechtfertigen. Ethik und Moral, als nur angelernte Verhaltensweisen, können völlig erlöschen! Das Naturprogramm setzt sich durch. Zur eigenen Rechtfertigung werden alle möglichen Mittel zu Hilfe genommen. Vertuschen, Lügen, Weglassen von Fakten, Bestechung, Drohungen: Alles, was sich anbietet, wird genutzt, um die drohende Gefahr, "versagt" zu haben, zu meistern.

„**Weil, so schließt er messerscharf, nicht sein kann, was nicht sein darf.**" (Hans-Christian Morgenstern).
Eine gute Alternative ist es immer, andere Menschen für das Eintreten unseres Fehlers verantwortlich zu machen:
"Das war nicht ich, das war doch ..."
"Ich hatte keine Informationen."
"Ich hatte das doch noch mit Y und Z besprochen."

Weiterhin kann die Unvermeidbarkeit des Fehlers angeführt werden:
"Ich hatte Alternativen geprüft, die sich aber aus finanziellen Gründen nicht verwirklichen ließen."

Gelingt die Gegenattacke auf diese Weise, ist alles gut. Fällt die Gegenoffensive jedoch in sich zusammen, da die Lage zu offensichtlich ist, bleibt nichts anderes übrig, als sich den Tatsachen zu stellen. Es tritt die nächste Phase ein, in der versucht wird, den Fehler zu relativieren. Wenn schon Folgen unabwendbar eintreten, wird nun alles versucht, diese Folgen so gering als möglich ausfallen zu lassen.

Dazu dienen unter anderem folgende Strategien (siehe auch Heckhausen 1989, Ross & Fletcher 1985, Whitley & Frieze 1985, Zuckerman 1979):
"Der Tor hat kein Gefallen an der Einsicht, wohl aber am Enthüllen seiner Denkart." Buch der Sprüche (Salomon) 18.2

Strategie 1: Folgen kleinreden
"Bei Würdigung aller Umstände ist das gar nicht so schlimm.."!

Strategie 2: Von den Fakten ablenken
"Sie selbst hatten vor drei Jahren diese Geschichte mit Meier! Das war, im Vergleich zu dieser Sache, eine wirklich schlimme Panne!"

Strategie 3: In Selbstmitleid baden
"Ich bin das Opfer eines Kesseltreibens!"

Die übelste aller Strategien ist die Strategie 4:
Opfer zu Tätern machen
Zur Vermeidung von Misserfolg stellen wir auch mal die Realität total auf den Kopf! (vergl. Festinger 1957, Stahlberg, Osnabrügge & Frey 1985, Kruglanski, Baldwin & Towson, 1985, Heckhausen 1989)

Immer dann, wenn wir selber unfähig sind, bestimmte Situationen kooperativ zu meistern, drängen sich eigene asoziale Verhaltensweisen ohne jede Rücksicht auf andere in den Vordergrund. Damit uns kein Misserfolgserlebnis erwächst und um die daraus entstehenden eigene Bedürfnisdefizite zu vermeiden, nehmen wir in Kauf, dass bei anderen Menschen durch unser Verhalten Bedürfnisdefizite entstehen. Die Schutzprogramme unseres Geltungstriebes können die Realität so nachhaltig selbstwertdienlich verdrehen, dass das eigene Fehlverhalten durch Verhaltensweisen oder Eigenschaften des anderen als gerechtfertigt oder sogar als notwendig dargestellt wird. So haben wir selber kein Misserfolgserlebnis. Uns bleibt ein "reines Gewissen", denn der andere ist "schuld" an unserem Verhalten und damit an seinem Bedürfnisdefizit!

Das von Lerner postulierte Bedürfnis nach Gerechtigkeit (Lerner 1980) gilt nach unserer Meinung im Prinzip nur für den Umgang anderer mit uns selber. Wir selbst sind kaum gerecht gegen andere und verteidigen oft auch noch sehr erfolgreich das eigene asoziale Verhalten!

Beispiel 1: Ohne jeden Anflug von Selbstzweifel schreit ein Vorgesetzter einen "Untergebenen" an, dem ein Fehler unterlaufen ist. Hinterher erklärt er ihn zur Ursache für seine eigene Entgleisung:
"Er hat sich so saublöd angestellt, ich musste ihm mal so richtig Bescheid stoßen!"
"Ich war gezwungen, ihn mal so richtig fertigzumachen!"

Beispiel 2: Ohne jeden Anflug von Selbstzweifel beschuldigen wir Mitarbeiter und Kollegen, wenn wir uns selber nicht "im Griff" haben.
"Sie haben mich geärgert!"
"Ich muss mich aufregen, wenn ich sehe, was Sie an Fehlern machen!"

Beispiel 3: Ein Kollege wird verulkt. Die anderen haben dabei ihren Spaß. Er ärgert sich jedoch, da er sich ohne Achtung und Respekt behandelt fühlt. Ohne jeden Anflug von Selbstzweifel beschuldigen wir ihn: "Du verstehst aber auch gar keinen Spaß. Damit hast du uns den Spaß verdorben!" Die Täter sind nun selbst beleidigt!

So sehen wir, dass das Naturprogramm für alle Situationen Strategien bereithält, die nur dazu da sind, unser Selbstwertgefühl und unsere Fassade zu retten. Ganz tückisch wird das Programm dann, wenn zur Rettung der eigenen Haut andere kalt geopfert werden.

Die "Frischer Wind" Falle in Unternehmen
"In der Möglichkeit, sich für keinen Schurken zu halten und auch manchmal sogar wirklich kein Schurke zu sein und doch eine offensichtliche und unbestreitbare Scheußlichkeit zu begehen - darin liegt das Unheil unserer Gegenwart." Fjodor M. Dostojewski (1821-1881)

Viele Führungskräfte fordern nach außen sehr überzeugend, dass junge Menschen, die in ihr Unternehmen eintreten, "Querdenker" sein sollen, um "frischen Wind" in das Unternehmen zu bringen. Das ist jedoch in aller Regel eine üble Falle für junge Nachwuchskräfte. Weshalb?

In Abhängigkeit vom Verhalten des Kritikers auf der einen Seite und der Ausprägung des Selbstwertgefühles, des Macht- und Überlegenheitsstrebens auf der anderen Seite werden Vorschläge von anderen wie Kritik an eigenen Vorschlägen und Taten bewertet und damit als Angriff auf die eigene Persönlichkeit erlebt, der bekämpft werden muss. Die Folge aus alledem ist, dass Vorgesetzte, die heftig im Naturprogramm eingebunden sind, mit allen Mitteln anstreben, bei eigenen Fehlern diejenigen, die diese Fehler auch unbewusst entdecken, auflaufen zu lassen, und alles daran setzen, vorbehaltlose rationale Sachaufklärungen zu verhindern. Aus diesem Mechanismus werden Fehler umso weniger zugegeben, je höher die Führungsebene ist, und umso tiefer der Fall vermutet wird. Der Kampf um das Selbstwertgefühl ist daher der gleiche wie eben beschrieben.
Suboptimale Unternehmenszustände werden auf diese Weise oft jahrelang in Unternehmen durchgeschleppt, weil alle Versuche, diese abzustellen, von den betroffenen Vorgesetzten aus Angst, das Gesicht zu verlieren, erfolgreich abgewehrt werden. ThyssenKrupp-Chef Heinrich Hiesinger gab als löbliche Ausnahme auf der Bilanzpressekonferenz des Konzerns am 11.12.2012 zu, dass der Jahresverlust von 5 Milliarden Euro durch ein Führungsverständnis möglich wurde, in dem Seilschaften und blinde Loyalität oft wichtiger gewesen seien als unternehmerischer Erfolg. Fehlentwicklungen seien lieber verschwiegen als korrigiert worden. "Und es herrschte offenbar bei einigen die Ansicht vor, dass Regeln, Vorschriften und Gesetze nicht für alle gelten", fügte der Vorstandschef hinzu.

Auch politische Untersuchungsausschüsse haben aus den gleichen Gründen keine Chance, Vorfälle wirklich aufzuklären, da die schuldige Seite immer mauern wird, um das Gesicht zu wahren.

Das relative Selbstwertgefühl

Bewusst und unbewusst nehmen wir unsere Umwelt ständig auf und beobachten und bewerten auch, wie sich andere Menschen um uns herum in konkreten Situationen des Lebens bei der Bewältigung von Tätigkeiten und Aufgaben verhalten (vergl. Kelley 1973, Weiner 1976, Fiedler 1996). Aus ihrem Verhalten leiten wir subjektiv und selbstwertdienlich ab, inwieweit auch sie in der Lage sind, als Superman zu agieren und inwieweit sie "versagen" (vergl. Miller & Ross 1975).

Je häufiger erlebt wird, dass andere in wichtigen Situationen besser sind, umso mehr ist es um uns als "Superman" geschehen. Unser Geltungstrieb wird dann nicht nur nicht positiv befriedigt, nein, er wird aktiv ins Defizit versetzt. Das Selbstwertgefühl sinkt, und es entsteht Frustration als ein permanentes Unzufriedensein mit sich selber. Wir fühlen uns unglücklich und beneiden andere um ihre Erfolge.

Aber unser Naturprogramm wacht über uns. Ein Versager zu sein darf kein Dauerzustand werden. Das gelingt sehr gut dadurch, dass wir, wenn wir schon nicht Superman sind, zumindest besser sind als die meisten anderen.

Realitätsverschiebung bei fremden Fehlern und bei fremder Leistung

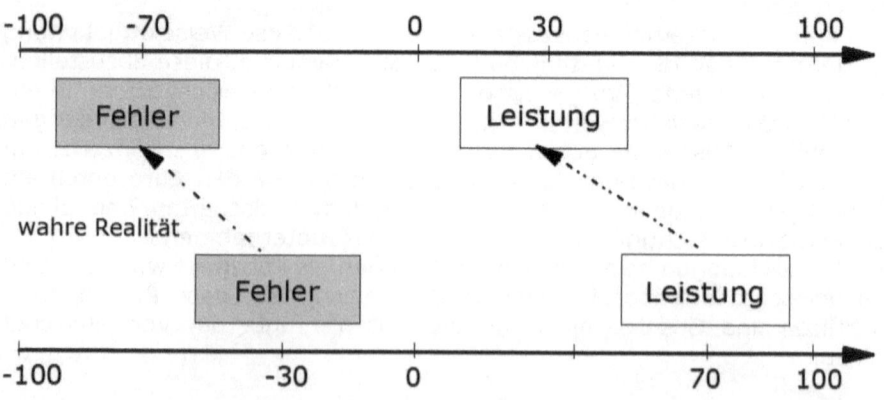

Allerdings ist es so, dass wir bei der Bewertung anderer gerne unserer eigenen Realität folgen. Und in dieser Realität sind die Leistungen anderer tendenziell kleiner, als sie wirklich sind, die Fehler anderer sind größer, als sie wirklich sind. Und wir vergleichen nun das Ergebnis aus der Beobachtung anderer mit unserer Selbsteinschätzung. Dabei entsteht ein relatives Selbstwertgefühl gegenüber den anderen in Form von Minder- oder Überlegenheitsgefühlen, je nachdem, ob andere bessere Leistungen erzielt haben als wir oder schlechtere.

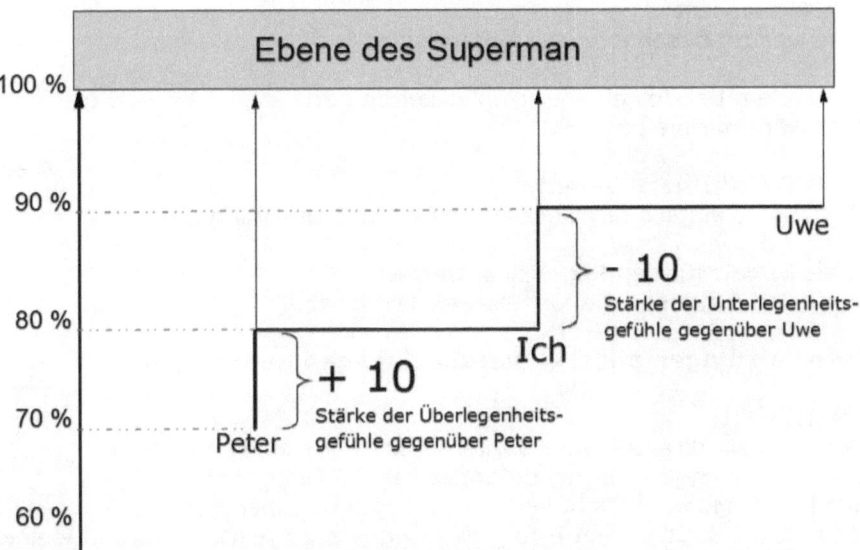

Damit es nicht viele sind, gegenüber denen sich Unterlegenheitsgefühle ausbreiten, polieren wir gerne das eigene Selbstwertgefühl dadurch auf, dass wir andere kleinreden. (vergl. Stahlberg, Osnabruegge, Frey 1985). **"Was siehst du den Splitter im Auge deines Bruders und den Balken in deinem Auge bemerkst du nicht?"** Matthäus 7.3.

So achten wir von Natur aus besonders genau auf Fehler anderer.
Denn wenn andere Fehler machen, sind sie schlechter als wir, was zu dem Umkehrschluss führt: Ich bin zwar nicht Superman, aber besser als die anderen! (Pharisäersyndrom). Und es erfüllt uns manchmal nicht nur mit klammheimlicher, sondern mit unverhohlener Freude, wenn anderen ein Missgeschick zustößt.

Fehler und mindere Leistungen anderer werden daher

... erfreut zur Kenntnis genommen:
"Das gönne ich diesem Großmaul!"

... als Symptom der Unterlegenheit des andern gedeutet:
"Er ist einfach zu dumm!"

... aufgebauscht:
"Das war ein besonders schlimmer Fehler!"

... aus dem Bereich eigener Möglichkeiten gerückt:
"Das wäre mir nie passiert!"

... als Dauerzustand bewertet:
"Er kann es einfach nicht besser und er wird es nie lernen!"

... als Beweis für den Regelfall bewertet:
"Fügt sich nahtlos in die Kette seiner Fehler ein!"

Gute Leistungen anderer werden dagegen gerne

... relativiert:
Wenn wir ein direktes Duell verlieren, kommt schnell als Erklärung:
"Ich habe mich ja nicht richtig angestrengt." Oder auch:
"Ich bin im Moment leicht verletzt und konnte daher nicht voll spielen."
Alles wird versucht, den Erfolg des Gegners zu relativieren und kleiner erscheinen zu lassen.

... bezweifelt und in Frage gestellt:
"Das muss sich erst noch herausstellen, ob dieser Vorschlag wirklich so gut ist, wie einige nun meinen!"

... so dargestellt, als habe man selbst den größeren Teil an der Leistung.
Der Erfolg hat in Unternehmen, Vereinen, Parteien meist viele Väter!
"Wenn ich ihn nicht auf ... aufmerksam gemacht hätte, dann wäre er nie zu dieser Leistung fähig gewesen."

... kleingeredet:
"Das ist doch nichts Besonderes. Das hätte jeder gekonnt!"

... in den Bereich eigener Möglichkeiten gerückt:
"Das hätte ich auch - und noch besser - gekonnt."

... den günstigen Umständen zugesprochen:
"Er hat einfach nur Glück gehabt. Normalerweise ..."

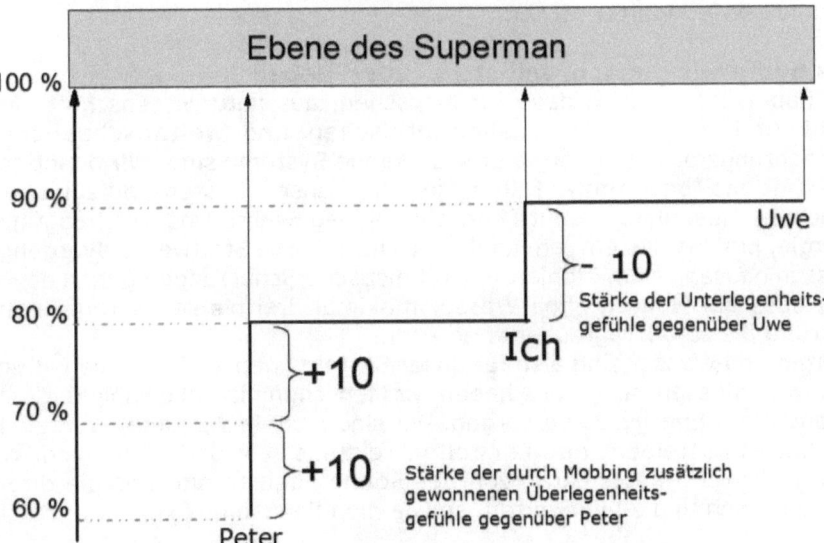

Je weniger sicher wir uns des eigenen absoluten Selbstwertes und unserer eigenen Fähigkeiten sind, umso stärker sind in der Regel die Bestrebungen, (wenigstens) den relativen eigenen Selbstwert auf Kosten anderer Menschen zu steigern. Diese Verhaltensweisen sind umso heftiger, je geringer das Selbstwertgefühl und das wirkliche innere Vertrauen in die eigenen Fähigkeiten ausgeprägt sind, wirkliche eigene Erfolgserlebnisse also seltener sind, und je stärker der - wie wir gesehen haben - schon von Natur aus übersteigerte Geltungstrieb im Sozialisationsprozess noch weiter gefördert wurde. Auch die Nachmittagstalkshows, in denen sich Menschen vorführen lassen werden immer gute Quoten haben. Denn sie beweisen: Ich bin ja schon nicht Superman, aber Gott sei Dank nicht so schlecht wie die da!

2.2 Der Lebenstrieb - Sicherung der eigenen Existenz

Wenn der Selbstwert auch mit Hilfe der Programme, die wir eben geschildert haben, intakt ist, kann der Lebenstrieb voll wirksam werden. In ihm manifestiert sich der Wille, selbst zu überleben. Daraus erwachsen in uns Strebungen, die darauf abgestellt sind, die Energieversorgung des eigenen Systems Mensch zu sichern und Zustände, die von außen die eigene Existenz bedrohen, zu verhindern oder zu meistern (siehe auch Maslow 1989, Alderfer 1972).

Das Bedürfnis danach, selbst zu (über-)leben
Wir haben festgestellt, dass wir Menschen, aus naturwissenschaftlicher Sicht und losgelöst von allen ethischen und weltanschaulichen Betrachtungsformen, Energie umwandelnde Systeme sind. Wir benötigen Energie und bestimmte Hilfsmittel, um unser System aufzubauen: Knochen, Muskulatur, Haut, Knorpel, Bindegewebe, und wir benötigen Energie, um das System „am Laufen" zu halten. Die Stoffwechselvorgänge müssen pausenlos funktionieren. Optimistische Schätzungen gehen davon aus, dass ein Mensch ohne Wasser maximal drei bis sechs Tage, ohne Nahrung bis zu 40 Tage überleben kann.
Energie und Wasser sind also für unser System knappe Güter, die wir uns besorgen müssen. Allerdings haben wir Menschen nicht die Fähigkeit, uns autonom mit Energie zu versorgen. Wir sind nicht in der Lage, Wurzeln in den Boden zu treiben und Nährstoffe direkt aus dem Boden zu holen. Wir sind auch nicht in der Lage, von der Sonne abgestrahlte Energie direkt aufzunehmen und zu verwerten, so wie die Pflanzen das können.

Wie besorgen wir Menschen uns Energie?
Wir sind wie die Tiere nur in der Lage, die Energie zu nutzen, die in Pflanzen und anderen Tieren bereits kumuliert ist. Und das tun wir, da in unseren Genen die Basis-Strategie aller Lebewesen fortgeschrieben ist:
Lebe du selbst!
Deshalb wollen wir auch selbst existieren, ungeachtet dessen, dass die Umsetzung dieser Botschaft anderen Lebenssystemen das Leben kostet. Und so ernten wir Pflanzen und töten Tiere verschiedenster Art, um sie als Quelle der Energie zu nutzen. Auf anderem Weg können wir nicht zu einer existenzsichernden Energiedeckung kommen. Dennoch "verbrauchen" wir uns im Zeitablauf, wie jedes Lebenssystem auch. Auf anfängliches Wachstum folgen Alterung und Tod, aber grundsätzlich immer erst nach dem Zeitpunkt, nachdem das System geschlechtsreif geworden ist.

Dann hatte das System seine Chance, seine Gene an ein Nachfolgesystem weiter zu geben. Und weil Energie zu beschaffen für uns Menschen grundsätzlich anstrengend ist, benötigen wir Pausen und den Schlaf zur Regeneration des Systems. Wir benötigen auch Schutz vor drohendem tödlichen Wärmeverlust (durch Kälte) oder drohender Ausdünstung des Körpers (durch Hitze).

Das Bedürfnis danach, selbst überleben zu wollen, löst Strebungen danach aus:
- die Umwelt zu erklären und zu kontrollieren (siehe Heider 1958), um Chancen und Gefahren erkennen und sich darauf einstellen zu können
- selbst in jedem Fall zu überleben durch Aufnahme von Energie in Form von Essen und Trinken;
- für Regeneration des Systems durch Nichtstun und Schlafen zu sorgen;
- Schutz zu haben vor drohendem tödlichen Wärmeverlust (durch Kälte) oder drohender Ausdünstung des Körpers (durch Hitze) durch Behausung und Kleidung;
- Autos, Fahrräder, Motorräder zur freien, uneingeschränkten Beweglichkeit zu nutzen, mit möglichst großem Aktionsradius um ein Jagdrevier selbst zu nutzen;
- Reserven und Vorräte anzulegen für schlechte Zeiten;
- gesund zu leben, die Gesundheit zu erhalten oder wiederherzustellen (siehe auch Maslow 1989, Alderfer 1972);

Das Bedürfnis danach, unbedroht von außen in Sicherheit zu leben.
Nicht nur die permanente Gefahr des drohenden inneren Energiedefizits, sondern auch äußere Umstände und Einflüsse können das Leben und damit den eigenen Lebensauftrag abrupt und vorzeitig beenden. Die Begrenztheit der Energiequellen in Zeit und Raum zwingt alle Lebewesen zu existenzieller Konkurrenz, zum "Kampf ums Dasein" (Darwin 1872).
Das Bestreben um Sicherung von Lebensressourcen für sich selbst führte von jeher immer wieder zu Kämpfen auf Leben und Tod. Nichts ist wichtiger als das eigene Überleben. Daher muss man sich gegen Angriffe von außen wappnen oder vorbeugend selber den Erstschlag führen.
Dinge an sich oder Vorgänge, die um uns herum ablaufen, sind immer neutral. Aber nicht für uns selber, besonders dann, wenn sie direkte Auswirkungen auf uns selber haben. Daher ist es sinnvoll, dass wir subjektiv alle Umweltzustände um uns herum bezüglich ihrer

Auswirkungen auf uns, genauer auf unsere persönliche Bedürfnisstruktur, insbesondere auch auf unsere Sicherheit hin, bewerten. Damit erhalten die Dinge und Vorgänge um uns herum eine spezifische Bedeutung (siehe Epiktet Encheiridion, Heider 1958, Kelley 1973 und 1978, Weiner 1976).

So wie die Dinge ordnen wir aber auch Menschen ein, je nachdem welche Erfahrungen wir mit ihnen machen, inwieweit sie Nutzen oder Schaden für uns bringen. Dazu messen und bewerten wir das konkrete Verhalten jedes anderen an unseren persönlichen Werturteilen und Bewertungsregeln, die für uns den Rang allein richtiger universeller "Wahrheiten" besitzen (vergl. Sherif & Sherif 1967).

So bewerten wir die Menschen, die wir kennen, als gefährlich oder nützlich für uns. Und wir entwickeln ein Gefühl dafür, ob wir anderen unterlegen oder überlegen sind. Das "Bewertungsergebnis" speichern wir als spezifische Schublade / "Wahrheit" ab.

Entsprechend unserer Einordnung wählen wir dann Strategien aus, wie wir mit den Menschen umgehen. Mit den Menschen, die uns nutzen, kooperieren wir gerne, die Menschen, die uns schaden können, schalten wir aus, wenn wir stärker sind. Fühlen wir uns maximal gleich stark und lassen Auseinandersetzungen keinen klaren Sieg für uns erwarten, meiden wir diese Menschen. Fühlen wir uns unterlegen, flüchten wir. Ist Flucht nicht möglich, unterwerfen wir uns, damit keine noch größeren Bedürfnisdefizite eintreten. Menschen, die uns weder nutzen noch schaden können, sind uns im Prinzip egal. Mit ihnen haben wir keine Beziehungen.

Das Bedürfnis danach, in Sicherheit leben zu wollen, löst Strebungen danach aus,
- alles unter Kontrolle zu haben, ansonsten sich an Starke anzulehnen (Schachter 1959), sich unbekannten Dingen vorsichtig zu nähern;
- Risiken meiden, bei Gewohntem verharren; Neues kann Ungewissheit bringen;
- Sicherheitssysteme schaffen: Armee, Polizei, Leibwächter, Bürgerwehren, Türschlösser, Tresore und unüberwindliche Mauern sichern unser Leben und unser Eigentum;
- bei Angriffen zurückzuschlagen, wenn ich mich überlegen fühle, flüchten, wenn ich mich unterlegen fühle, mich zu unterwerfen, wenn ich mich unterlegen fühle und nicht flüchten kann;
- potenzielle Gegner anzugreifen, um sie prophylaktisch auszuschalten.

2.3 Der Sexualtrieb - sexuelle Aktivität und Brutpflege

Darwin und Dawkins haben formuliert, dass die verschiedenen Lebensvariationen im "Kampf ums Dasein" in Abhängigkeit von Umweltbedingungen und Lebensräumen konkurrieren. Die "Fittesten" im Sinne von "Bestangepassten" setzen sich durch, denn sie können ihre eigenen Gene am erfolgreichsten verbreiten (Darwin 1872, Dawkins 1989).

Variationen der Gene durch Mutation und sexuelle Rekombination sind im Kampf um Lebensräume optimale Optionen, denn Variationen der Gene sind eine wesentliche Voraussetzung dafür, überlebensfähige ökologische Felder zu besetzen, um sich entweder aus dem Kampf ums Dasein mit andern durch Besetzung von Nischen möglichst herauszuhalten oder die Fähigkeit zu entwickeln, sich in möglichst vielen Lebensräumen und auch in unvorhergesehenen Situationen, die in den Lebensräumen eintreten könnten, zu behaupten (siehe Darwin 1872).

Mutationen setzen sich unter der Bedingung durch, dass sie quasi sprunghaft zu einer besser angepassten Version des Bisherigen führen. Besser angepasst können sie sich sicherer und manchmal auch schneller vermehren (Darwin 1872).

Makova und Li zeigten, dass das männliche Erbgut vier- bis sechsmal häufiger mutiert als das weibliche (Makova & Li 2002). Das rührt daher, dass sich die Spermien der Männlichen häufiger teilen als die Eier der Weiblichen. Unvollkommene Teilungen der Spermien ergeben eine höhere Rate an Mutationen. Mutation ist daher männlich dominiert.

Der Spezies "Mensch" gelingt das Überleben durch genetische Variation jedoch nicht primär durch Mutation, sondern in nahezu optimaler Form durch sexuelle Vereinigung von Mann und Frau, wobei je ein halber Chromosomensatz von Mann und Frau zu einem neuen eigenständigen Chromosomensatz eines neuen Lebens verschmelzen.

So entstehen permanent neue Varianten voneinander verschiedener Träger der Erbsubstanz. Evolutionär-biologisch betrachtet ist die Erreichung dieses Ziels der alleinige Zweck der Sexualität (siehe Bischof 1980). Gleichgeschlechtliche Formen der Sexualität, die keine neuen Träger von Erbsubstanz erzeugen, sind evolutionär-biologisch sinnlos.

Die sexuellen Funktionen von Männern und Frauen als jeweiligen Trägern des jeweils halben Chromosomensatzes sind jedoch nicht gleich. Aus dem Geschlecht und der Aufgabe des Geschlechts an sich heraus verhalten sich Männer als Produzenten von Samen und Frauen als Produzenten von Eiern unterschiedlich.

Der Mann, als Produzent von Samen, kennt im Gegensatz zur Frau keine unfruchtbaren Tage. So kann jede einzelne sexuelle Tätigkeit mit einer Frau den Zweck der Reproduktion erfüllen. Je öfter ein Mann als Samenspender agiert, umso häufiger kann er einen Replikationserfolg erzielen. Kleinlich gerechnet könnte er es zwischen dem 15. und 75. Lebensjahr schaffen, durchschnittlich in jedem einzelnen Monat 25 Frauen zu schwängern, Daraus ergibt sich ein potenziell möglicher Reproduktionseffekt von 18.000 Nachkommen.

Eine Frau als Eierproduzentin erfüllt eine ganz andere Funktion. Sie braucht nicht häufigen Sex, sondern Sex einmal an einem ihrer wenigen fruchtbaren Tagen um einen Reproduktionserfolg zu sichern.
In der Zeit der Schwangerschaft und Laktation kann die Frau allerdings, im Gegensatz zum Mann, keinem weiteren Kind zusätzlich zum Leben verhelfen. So ist sie in der Periode ihrer aktiven Geschlechtlichkeit, die wir pauschal zwischen dem 10. und 60. Lebensjahr großzügig ansiedeln wollen, in der Lage, maximal 60 Kinder zur Welt zu bringen.
Das heißt: Zwischen Männern und Frauen besteht ein sehr, sehr großes Ungleichgewicht bezüglich der Fähigkeit zur Reproduktion.

Hört mit der Abgabe des Samens bei einem Mann dessen Investment zunächst einmal auf, fängt mit der Aufnahme des Samens das Investment bei der Frau erst richtig an, garantiert für mindestens neun Monate. In dieser Zeit ernährt und beschützt die Frau das neue Leben in und mit ihrem Körper.
Doch mit der Geburt sind die direkten Investitionen der Frau noch nicht beendet. Mit der Milch der Mutter, die kein Vater produzieren kann, wird das Baby bis zu drei Jahre am Leben gehalten. Bis es sich selbst mit Nahrung versorgen kann, dauert es wesentlich länger. Bis dahin muss es ernährt werden, was in aller Regel weiter Sache der Frau war.

Bezüglich Reproduktionsmenge liegt also das Übergewicht deutlich beim Mann, bezüglich der Investitionskosten deutlich bei der Frau (vergl. Trivers 1972, Buss & Schmitt 1993).

Sexuelle Veranlagung des Mannes

Gerade Männer erhoffen sich, durch Dopamin angeregt, Glück durch Sex. Die Belohnung für das Glücksstreben ist eine massive Ausschüttung von Serotonin, dem wichtigsten Glückshormon, beim Orgasmus.

Das permanente Streben der Menschen danach, Zustände des Glücks zu erleben, fördert grundsätzlich ein Streben in den Männern danach, häufige Orgasmen und damit häufige Glücksgefühle zu erleben. Wie die Biene, zur Blüte gelockt, sich am Nektar der Blüte labt und „nebenbei" die Blüte befruchtet und damit neues Leben bewirkt, ohne dass sie das will oder weiß, so kann auch die sexuelle Aktivität des Mannes eine unbewusst erfolgreiche Methode zur Reproduktion sein. Daher besteht bei Männern die natürliche Strebung, oft und möglichst schnell bei Bekanntschaften Sex zu haben (Buss & Schmitt 1993), zumal mit der Abgabe des Samens das Investment eines Mannes grundsätzlich bereits beendet ist und Sex auch ohne Reproduktionserfolg eine selbstständige Möglichkeit der Bedürfnisbefriedigung darstellt. Je häufiger ein Mann seinen Samen an fruchtbare Frauen abgibt, je mehr sexuelle Kontakte er also wahrnimmt, umso höher ist die Wahrscheinlichkeit, dass etliche gelungene Treffer darunter sind, ohne eigene Folgekosten. Dem Zufall und nicht der Planung könnte daher ein Mann die eigene Reproduktion überlassen.

Häufiger Sex mit unterschiedlichen Partnern, ohne sonstige Investitionen, kann für ihn eine lohnende Reproduktionsstrategie sein (Buss & Schmitt 1993). Denn prinzipiell unterscheidet sich der Sexualtrieb eines Mannes grundsätzlich nicht vom Sexualtrieb eines Bisons, eines Löwen oder eines Walrosses: Nach dem Sex kann zunächst grundsätzlich das weitere Interesse an der Sexualpartnerin völlig erlöschen (vergl. Trivers 1972). Und während eine Frau während ihrer langen Schwangerschaft als Reproduktionspartnerin ausfällt, könnte der Mann währenddessen viele andere Frauen schwängern.
Eigene Verpflichtungen und Investment ergeben sich für ihn hauptsächlich nur aus Zahlungen und der Betreuung für seine außerehelich geborenen Kinder. Als Risiko trägt er eigentlich nur das Risiko der Ansteckung mit Geschlechtskrankheiten oder mit AIDS. Er geht aber auch das Risiko ein, durch einen schlechten Ruf potenzielle Langzeitpartner abzuschrecken.

Wir sehen jedoch wachsend die beidseitige Zunahme sexueller Kurzzeitstrategien. In "modernen" Industriestaaten lassen sich im Zeitalter der Pille und Abtreibung die Langzeitfolgen aus sexuellen

Kontakten für beide Seiten ziemlich sicher vermeiden. Daher wird immer häufiger kurzfristiger Sex als "One-Night-Stand" oder "Quicky" praktiziert, bewusst ohne einen gewünschten Reproduktionserfolg. In Bars und Kneipen oder über Internetportale sind gleichgesinnte Partner leicht kostenlos zu finden. Diese dem reinen Lustgewinn dienende Form der Sexualität unterliegt im Prinzip den gleichen Bedingungen, wie wir sie oben in Anlehnung an Buss & Schmitt (1993) aufgezeigt haben.

Sexuelle Kurzzeitkontakte ohne Verpflichtung sind auch gegen Bezahlung möglich. Sie erlauben unter anderem allein in Deutschland täglich etwa 1,2 Mio. männlichen Kunden den schnellen Lustgewinn bei rund 400.000 registrierten Frauen bei einer nicht zu unterschätzenden Zahl illegal arbeitender Frauen und Amateure (Reichel & Topper 2003).

Und es ist das Interesse am reinen Sex ohne Rücksicht auf den Sexualpartner als Mensch, das Männer dazu bringt, ihre persönliche Befriedigung gelegentlich auch rücksichtslos gegenüber Frauen durchzusetzen. Im Jahre 2011 verzeichnete die polizeiliche Kriminalstatistik in Deutschland insgesamt 7.539 "Straftaten gegen die sexuelle Selbstbestimmung"[4], angefangen von sexueller Nötigung bis hin zur Vergewaltigung. Von den Tatverdächtigen waren über 94% Männer[4]. Alles das zusammen spricht eine eindeutige Sprache, wie häufig sexuelle Kurzzeitstrategien, die ausschließlich am kurzfristigen Lustgewinn orientiert sind, im Vordergrund stehen.

Dem Zufall, und nicht der Planung, könnte ein Mann also die eigene Reproduktion überlassen, wenn er damit in der Vergangenheit nicht die Chancen auf sein eigenes Überleben verringert hätte!

Etwa 4,5 Millionen Jahre lang - das sind ca 99% der menschlichen Entwicklungsgeschichte - fristeten unsere Vorfahren als Jäger und Sammler in der Savanne ihr Leben. Versicherungen, Rente und moderne Medizin waren unbekannt! Was geschah in diesem Zeitraum, wenn ein Mann, der keine identifizierbaren Nachkommen hatte, krank, bei einem Jagdunfall oder in einem Kampf verletzt wurde? Wer pflegte ihn gesund, ernährte ihn in der Zeit der Jagdunfähigkeit, damit er wieder zu Kräften kam und sich wieder selbst versorgen konnte? Wer hielt ihn weiterhin am Leben?
Männer brauchten daher Partnerstrategien zur Erzeugung eines eigenen, identifizierbaren Nachwuchses, um diese Probleme zu lösen.

Sexuelle Veranlagung der Frau
Masters und Johnson (1966) erforschten als Erste weibliche und männliche Sexualität mit folgenden Ergebnissen:
Beim Mann ist die sexuelle Befriedigung an die Orgasmusejakulation gebunden, bei einer Frau nicht. Für sie kann einerseits Geschlechtsverkehr auch ohne orgastischen Höhepunkt zu einem sexuell befriedigenden Erlebnis werden. Anderseits kann sie während eines Verkehrs sogar zu mehreren Orgasmen kommen, was einem Mann nicht möglich ist. Der Mann kann die einzelnen Phasen der Erregung in weniger als einer Minute durchlaufen, was bei einer Frau nicht möglich ist. Die Verlaufskurve ihrer sexuellen Erregung beim Geschlechtsverkehr ist individuell unterschiedlicher, deutlich länger, jedoch auch störanfälliger (Masters & Johnson 1966).
Einige der Ergebnisse von Masters und Johnson sind physiologisch gut zu stützen. "The predominant symptom of women with androgen deficiency is loss of sexual desire" (Davis 1999). Testosteron ist also auch bei Frauen das Hormon, das die Libido, das sexuelle Verlangen der Frau, am stärksten fördert (Bartlik et al. 1999). Sogar in der Postmenopause steigt das sexuelle Verlangen deutlich an, wenn Frauen Testosteron zusätzlich aufnehmen (Davis 1999, Sherwin 1988).

Da der natürliche Testosteronspiegel der Frauen im Schnitt jedoch um das 20- bis 40fache niedriger liegt als der der Männer, ist davon auszugehen, dass die Libido der Frauen deutlich weniger drängend ausgeprägt ist als die Libido der Männer. Dies muss auch so nicht sein, denn um Nachwuchs zu erzeugen, "benötigt" eine Frau keine häufigen sexuellen Kontakte. Eine einzige Befruchtung zum rechten Zeitpunkt genügt, um den Replikationsprozess einzuleiten. Jeder weitere Sex ist allerdings ab diesem Zeitpunkt unter dem Aspekt der Evolution verschwendet, da sich kein zusätzlicher Replikationserfolg einstellen kann.

Allerdings: Gerade Frauen wollen eigene Kinder haben und sich um sie kümmern (Fisher 1992). Der Anteil der Frauen, die bewusst keine Kinder wollen, liegt unter 5% (Nave-Herz 1988). Obwohl man nicht den Fehler begehen darf, anzunehmen, dass Sex für Frauen zweitrangig sei, ist die "aktive" Sexualität für Frauen eher das "notwendige Mittel", um ihren Kinderwunsch zu erfüllen. Dafür spricht, dass Frauen während der Ovulation erhöht sexuell erregbar sind (Dennerstein et al. 1994), zum Zeitpunkt der höchsten Wahrscheinlichkeit, schwanger zu werden, am häufigsten solo fremd gehen (Barret & Marshall 1969) oder mit dem

Partner und einem Fremden in kurzer Zeitfolge Geschlechtsverkehr haben (Bellis & Baker 1991). Im Übrigen: Wenn irgendwo in der Zeitung ein Fall von Entführung von Babys berichtet wird, war der Täter eine Täterin.

Wie für einen Mann mit dem Ende des sexuellen Vergnügens auch sein Investment in eine Beziehung beendet sein kann, kann auch das Investment der Frau in die Beziehung beendet sein - für sie jedoch, im Gegensatz zum Mann, bei einer eintretenden Schwangerschaft nicht insgesamt frei von Investment! Wenn eine Frau Reproduktion jedoch über eine kurzzeitige sexuelle Partnerstrategie erreichen will, muss sie sicherstellen, dass Ressourcen vorhanden sind, die ihr die Aufzucht des Nachwuchses auch ggf. allein ermöglichen (Buss & Schmitt 1993).

Was haben allerdings sexuelle Kurzzeitstrategien für eine Frau, mehr noch als heute, in früheren Jahrtausenden bedeutet? Versetzen wir uns wieder 4 Millionen Jahre zurück, als Sozial- und Arbeitslosenhilfe sowie Kindergärten, Tageskrippen, Erziehungsgeld, Rente und moderne Krankenhausversorgung unbekannt waren!
Auch Frauen benötigten, um das Überleben im Alter sicherzustellen, eigenen Nachwuchs. Konnte jedoch eine hochschwangere Frau, auf sich alleine gestellt, bei Wind und Wetter, in Eis und Schnee, Beute jagen, um sich und vielleicht schon andere vorhandene Kleinkinder autonom zu versorgen, Feinde abwehren oder erfolgreich fliehen? War nach der Geburt mit einem Baby, das im Abstand von wenigen Stunden gestillt werden muss, der Aktionsradius zur Jagd, zur Flucht groß genug? Was geschah, wenn sie selbst krank wurde, bei einem Jagdunfall oder in einem Kampf verletzt wurde? Wer pflegte sie gesund, ernährte sie und ihre Kinder in der Zeit der Jagdunfähigkeit, damit sie wieder zu Kräften kam und sich wieder selbst versorgen konnte? Und schließlich: Wer sorgte für sie im Alter? Unter diesen Aspekten ist wohl zu erkennen, dass Frauen mit häufigem lockerem Geschlechtsverkehr ohne Bindung zu den Sexualpartnern auf Dauer nur sehr geringe Überlebenschancen hatten.
Allerdings erleichtern heute Pille und Abtreibung, dass auch Frauen sexuelle Kurzzeitstrategien verfolgen können, bei denen es nur darum geht, Sex um des Genusses willen zu haben. Willige Männer sollten unschwer zu finden sein. In Deutschland wurden allein von 2000-2011 offiziell 1.462.717 Abtreibungen vorgenommen, bei einer nicht zu unterschätzenden Zahl von nicht gemeldeten Schwangerschaftsabbrüchen (Sonderdruck Statistisches Bundesamt Gesundheit Schwangerschaftsabbrüche 2011, Wiesbaden 2012).

Partnerwahlverhalten von Mann und Frau
Identifizierbar eigene gesunde und starke Kinder, in die man investierte, ernährte und lebensfähig aufzog, stellten in den vergangenen Jahrmillionen für ihre Eltern quasi die Unfallversicherung, die Rente sowie ein zusätzliches Macht-, Verteidigungs- und Drohpotenzial im Überlebenskampf dar. Aus Jakob und seinen 12 Söhnen (von vier Frauen) entstand in ganzes Volk.

Für Mann und Frau stellte sich also gleichermaßen kaum die Frage, ob sie eine Langzeitverbindung mit daraus hervorgehenden Kindern wollten, sondern nur mit wem sie diese Verbindung wollten. Gerade da die Reproduktionsfunktionen von Mann und Frau unterschiedlich sind, ist beiden das Interesse gemeinsam, den jeweils bestmöglich komplementären Partner zu finden (Wickler & Seibt 1977), mit ihm gesunde Kinder zu haben und diese erfolgreich großzuziehen. Der optimale Partner ist der, bei dem zu vermuten ist, dass der eigene Nutzen aus der Partnerschaft im Verhältnis zu den eigenen Kosten optimiert wird (siehe auch Walster et al.1976, Thibaut & Kelley 1959).

Über Millionen Jahre bestand für einen Mann der Nutzen aus der Beziehung mit der Frau, dass diese ihm gesunde, identifizierbar "eigene" Kinder gebar, die ihn, wenn sie arbeits- und kampffähig waren, auf der Jagd und in der Verteidigung unterstützten sowie im Alter versorgten.
Der weitere Nutzen lag darin, dass ihm die Frau als Sexualpartner zur Verfügung stand und ihm arbeitsteilig möglichst viele sonstige Annehmlichkeiten bereitete. Die Frau war die Hüterin des Feuers, bereitete die Nahrung zu und gab, indem sie dem Mann diese Arbeiten abnahm, ihm Gelegenheit, sich von anstrengenden Jagd- und Kampfzügen zu regenerieren. Nutzen ergab sich auch aus dem Ansehen, das ein Mann über die Partnerschaft mit einer tüchtigen Frau erreichen konnte.
Die Kosten für den Mann bestanden in dem Investment in Ernährung und Schutz der Frau sowie in Ernährung, Schutz und Aufziehen der Kinder, bis diese arbeits- und kampffähig waren.
Um einen optimalen Nutzen bei möglichst geringen eigenen Kosten über sexuelle Langzeitstrategien zu erzielen, musste ein Mann, der gesunde, eigene Kinder haben wollte, also immer schon solche Frauen identifizieren können, die tüchtig und zur Hausarbeit geeignet sind, einen hohen reproduktiven Wert besitzen und über hohe Fähigkeiten verfügen, die geborenen Kinder auch aufziehen zu können (Buss & Schmitt 1993, siehe auch Hinde 1984).

Daher suchten und suchen Männer als Langzeitpartnerin bevorzugt junge, gesund wirkende, attraktive Frauen. "What is beautiful is good" (Dion, Berscheid & Walster 1972), denn Jugend und physische Attraktivität, die sich in weißen Zähnen, glänzenden Augen und einer glatten, seidigen Haut zeigen, sind die unbewussten Kennzeichen für gesunde Gene und erfolgreiche Reproduktion (Buss 1989). Das Interesse für eine Frau steigt daher bei einem Mann mit wachsender sexueller Attraktivität der Frau an (Grammer 1993).

Umgekehrt haben es wenig attraktive Frauen bei Männern schwer. Denn "Je begehrenswerter sich ein Mann vorkommt, desto attraktiver wird die Frau sein, die ihm seinem Gefühl nach zusteht" (Walster et al.1978).

Nach allem, was wir über den Geltungstrieb erfahren haben, ist das nicht verwunderlich. Für Männer mit hohem Einkommen ist daher Attraktivität, aber auch die Unterordnung und konservative Einstellung der Frau besonders wichtig. Denn ein Mann kann bei einer Frau, die offensiv auf andere Männer zugeht, das Weitergeben der eigenen Gene nicht sicherstellen. Männer mit geringem Status geben an, bei Frauen emotionale Wärme und Häuslichkeit zu suchen (Grammer 2000).

Der Nutzen für die Frauen aus einer Partnerschaft, aus der Kinder hervorgehen, bestand in erster Linie in Versorgung und Schutz durch den Mann in der Anfangszeit, durch die Kinder im Alter sowie das Ansehen, das für eine Frau über die Partnerschaft mit einem reichen, einflussreichen Mann erreichbar ist.

Kosten waren für die Frauen immer schon als Sexualpartner verfügbar zu sein, das Investment in Schwangerschaft, Geburt und persönliche Ernährung der Kleinkinder sowie die Erziehung der Kinder.

Ein Mann könnte, da er das geringere Investment trägt, unter rein wirtschaftlichen Nutzenaspekten in Versuchung geführt sein, seine Partnerin nach der Kopulation zu verlassen, um sich neuen Kopulationspartnerinnen zuzuwenden, da er darauf spekulieren kann, dass die jeweils verlassene Frau die weiteren Kosten übernimmt, um ihre bisherigen Investitionen nicht zu verlieren (Trivers 1972).

Da diese Verhaltensweise für den Mann zwar effizient ist, nicht aber für die Frau, müssen ein Frau, die Kinder haben möchte, eine für sie langfristig effiziente sexuelle Partnerstrategie anstreben. Sie muss dazu einen Mann mit hohem reproduktivem Wert (Genqualität) identifizieren können, der über den Willen und die Fähigkeit verfügt, sie und die Kinder ernähren und schützen zu können, und auch gewillt ist, gerade mit ihr eine sexuelle Langzeitbeziehung einzugehen, damit sie im Endeffekt nicht unversorgt mit ihren Kindern zurückbleibt (siehe Buss & Schmitt 1993).

Bereits Darwin, aber auch viele andere legten überzeugend dar, dass üblicherweise die Männchen Wettbewerb betreiben, während die Weibchen den für sie optimalen Mann auswählen (siehe Darwin 1872, Wrangham 1986, Trivers 1972, Fisher 1999, Grammer 1995). Dieser Vorgang wird auch als sexuelle Selektion bezeichnet. Andererseits darf nicht übersehen werden, dass das Partnerwahlverhalten der Frauen in der überwiegenden Zahl der Kulturen entweder eingeschränkt oder nicht vorhanden ist, da die Frauen den Männern zugeteilt oder an sie verkauft werden.

Wir haben oben dargelegt, dass Frauen, um einen Reproduktionserfolg zu erzielen, keine häufigen sexuellen Kontakte brauchen. Evolutionsgeschichtlich betrachtet hat sich bei Frauen daher auch kein Druck nach häufigem Geschlechtsverkehr entwickelt, so wie dies beim Mann der Fall ist, der bei jedem sexuellen Kontakt einen Zeugungseffekt erzielen kann. Eine Frau kann sich daher, ohne durch eine stürmische Libido zu vorschnellem Sex gedrängt zu werden, bei neuen Bekanntschaften Zeit damit lassen, Sex zu haben (Buss & Schmitt 1993). Zeit, in der sie den Mann testen kann, inwieweit er über die Fähigkeiten und den Willen verfügt, sie und die Kinder zu ernähren, zu schützen und am Leben zu halten (Grammer 2000).

Denn Männer, die dies können, findet sie als Partner interessant (Hinde 1984). Buss zeigt, dass in 36 von 37 Kulturen Verdienstmöglichkeiten, Ehrgeiz und Unternehmungslust des Mannes von Frauen als Partnerwahlkriterium wichtiger bewertet werden als von Männern selbst (Buss 1989). Feminine unterschiedlichster Arten lassen sich in erster Linie mit Männchen ein, die die größeren Geschenke bringen (Lack 1940, Trivers 1985) und die Attraktivität eines Mannes steigt für Frauen mit dessen Status an (Townsend & Levy 1993). Alles in allem scheint der Überlebensvorteil den ein starker Mann bieten kann höher bewertet zu werden, als seine körperliche Attraktivität (Grammer 1995). Es drängt schöne Frauen zu den Mächtigen, den Starken mit gesicherter eigener Existenz (Taylor & Glenn 1976).

Während Männer partnerschaftstaugliche Frauen mit Ressourcen locken, locken Frauen Männer mit Sex. Damit sich möglichst viele Männer um sie bewerben, machen sie ihren Körper interessant. Sie putzen sich auf, schminken sich, stylen die Haare und bevorzugen Kleider, die ihre sekundären Geschlechtsmerkmale voll zur Geltung bringen. Immer gesellschaftsfähiger wird es, den Körper durch Hilfsmittel oder durch kosmetische Operationen, die von Fettabsaugung bis zur Einbringung von Silikonimplantaten reichen, im Sinne sexueller Attraktivität zu optimieren.

Die real vorherrschenden Partnerschaftsformen

In allen menschlichen Gemeinschaften, rund um den Erdball, heiraten 90% der Menschen irgendwann in ihrem Leben (Vandenberg 1972), wobei in den verschiedenen Gesellschaften sowohl kurzzeitige wie auch langzeitige sexuelle Partnerschaften zu beobachten sind. Lebenslange Partnerschaften scheinen jedoch nicht die Norm zu sein (Buss & Schmitt 1993). In den meisten Kulturen sind mehrere Heiraten hintereinander mit verschiedenen Partnern, serielle Monogamie, üblich (Fisher 1987). Menschen heiraten, weil die Heirat selbst in den verschiedenen Kulturen einheitlich als legitimer Zusammenschluss angesehen wird, der eine gegenseitige Verpflichtung zwischen Mann und Frau, das Recht auf sexuellen Zugang zum Partner, die Erwartung, dass die Heirat die Schwangerschaft und die Zeit des Aufziehens der Kinder überdauert, sowie die Anerkennung des legitimen Status der gemeinsamen Kinder einschließt (Daly & Wilson 1988). Auf diese Weise werden "eigene" Kinder gesichert, die später in die Verantwortung zur Versorgung der Eltern genommen werden können.

Die monogame Ehe entspricht dem ureigenen Interesse der Frau nach ungestörter Nachwuchspflege (Fisher 1992), in deren Schutz sie dennoch auch kurzfristige Nebenstrategien (Seitensprünge) verfolgen kann, wie oben dargelegt.

Bei Männern sieht das etwas anders aus. Da in ihnen eher ein Drang vorhanden ist, viele Sexualpartner zu haben, ist es nicht verwunderlich, dass in ca 80% der menschlichen Gesellschaften ein Mann mehrere Frauen gleichzeitig heiraten oder zusätzlich zu einer Hauptfrau offizielle Nebenfrauen oder Mätressen haben kann (Ford & Beach 1951, Murdock 1976). So kann er auf ganz legale Weise und vor Konkurrenz geschützt seinen Sexualtrieb besser ausleben. Religionen, in denen die Vielweiberei gestattet ist, sind für Männer grundsätzlich attraktiv. Viele schöne Frauen zieren den Mann und ermöglichen ihm nebenbei ein abwechslungsreiches Sexualleben. Ist Polygamie nicht erlaubt, ergibt sich aus der Veranlagung wie aus den Lebensbesonderheiten, dass Männer versucht sein könnten, einer "eigenen" Frau bei der Aufzucht der "eigenen" Jungen zu helfen und "nebenbei" möglichst viele Frauen ohne weiteres Investment zusätzlich zu befruchten, was rein evolutionstechnisch betrachtet den höchsten Gesamtnutzen verspricht. Frauen können versucht sein, besonders wenn sie in einer Versorgungsehe leben, dass sie nebenher ihrem wirtschaftlich starken Mann ein "Kuckucksei" unterschieben, das sie heimlich mit einem Mann gezeugt haben, der über attraktivere Gene verfügt, als ihr Mann. Dafür sprechen die Untersuchungen von Bellis & Baker (1991).

Der Nachwuchspflegetrieb als Einbahnstraße

Der Brutpflegetrieb ist im Tierreich eine Einbahnstraße - immer kümmern sich nur die Eltern um die Jungen und nicht umgekehrt. Bei uns Menschen ist das im Prinzip nicht anders. Eine Sorge der Kinder für die Eltern in Form eines "Reinvestitionsgens" ist in unserem Gensatz nicht vorhanden. Alte, verbrauchte Menschen taugen nach dem Gesetz der Evolution zu nichts mehr. Also sind sie nicht notwendig. Was nicht notwendig ist, ist nicht schutzwürdig. Daher müssen Kinder in allen menschlichen Kulturen über soziale Regeln zur Dankbarkeit, das heißt zur Versorgung der Eltern, erzogen beziehungsweise gezwungen werden: "Ehre deinen Vater und deine Mutter, damit verlängert werden deine Tage auf dem Boden, den der Herr, dein Gott, dir gibt." (Exodus 20,12)

Bei Menschen erfolgt das Sorgen für die Eltern also nur so lange, als die sozialen Regeln, die die Versorgung der Eltern erzwingen, funktionieren und Druck entfalten. In einer Zeit, in der eher auf uneingeschränkte Entfaltung des Geltungstriebes und auf uneingeschränkte Selbstverwirklichung gesetzt wird, werden soziale Regeln brüchig. Das Prinzip "Kinder ernähren die Alten" verliert immer stärker an Geltung. Unsere Pflege- und Altersheime sind voll!

Erschwerend kommt hinzu, dass unser Versorgungssystem für das Alter indirekt über anonyme Zahlungen und nicht direkt über Versorgung durch die eigenen Kinder anlegt ist. So drängt der Effizienztrieb danach, dieses System auszunutzen. Es ist, bei oberflächlicher Betrachtung, ja auch klar: Man braucht heutzutage keine eigenen, identifizierbaren Kinder, denn man lebt später von der Rente und ist somit nicht auf eigene Kinder angewiesen. Da man also einerseits Kinder, die einen auf dem Weg zum Genuss und zur Selbstverwirklichung nur einschränken, nicht braucht und anderseits über jede Menge Möglichkeiten zur Verhinderung oder zum Abbrechen von Schwangerschaften verfügt, müssen Kinder in unserem System folgerichtig zur "Mangelware" werden, ohne dass man auf Sex als Genussmittel verzichten muss.

Die Folge: Bei steigender Lebenserwartung "der Alten" wird der Einkommensteil, der von immer weniger Jungen indirekt an die immer länger lebenden "Alten" abgegeben werden muss, immer weiter ansteigen. Deshalb wird den Jungen immer weniger Einkommen zur Gestaltung des eigenen Lebens und vor allem - unter den Aspekten der Evolution gesehen - zur Sicherung der Zukunft der eigenen Kinder zur Verfügung stehen. Das heutige umlagefinanzierte Rentensystem wird sich mit abnehmender Kinderzahl auf Dauer immer mehr als untaugliches System erweisen.

2.4 Der Geltungstrieb und seine Strebungen

Solange der Geltungstrieb intakt ist, nährt er das Bewusstsein in uns, etwas Besonderes, etwas Wichtiges und Bedeutendes zu sein. "Es gibt eine Regel ohne Ausnahme: dass sich jeder für eine Ausnahme von der Regel hält." (Rupert Lay) Dieses positive Selbstwertgefühl erweckt ganz bestimmte Bedürfnisse, aus deren Erfüllung wir uns einen besonders wichtigen Teil zum Erreichen unseres Lebensglücks versprechen. Die folgende Aufzählung der Strebungen ist weder vollständig noch überschneidungsfrei, zeigt aber die hauptsächliche Differenzierung des Geltungstriebes an. Die Bedürfnisse und Strebungen selbst sind nicht bei allen Menschen gleich stark ausgeprägt. Die Bedürfnisse nach Liebe und danach, Respekt und Anerkennung von anderen zu erhalten, erachten wir jedoch als in jedem Menschen zumindest rudimentär angelegt.

Das Bedürfnis, selbstbestimmt zu leben
Das gilt auch für das Bedürfnis nach Selbstbestimmung. Im Geltungstrieb ist das Streben nach Selbstverwirklichung ohne soziale Verantwortung angelegt; die Befriedigung unserer eigenen Bedürfnisse geht immer vor. So ist auch uneingeschränkte Freiheit wesentlicher Teil unseres Lebensglücks! Ich, als wichtigste Person, will machen, was ich will, wann ich will und wo ich will, egal was andere davon halten. Und wenn andere Menschen unsere Freiheit einschränken wollen, fühlen wir uns ungerecht behandelt und wehren uns vehement (vergl. Brehm 1966).

Gerade bei Kindern, die von Erziehung wenig beeinflusst sind, sind die Auswirkungen des Naturprogramms besonders deutlich zu sehen. Sie schreien und toben herum, wann immer und wo immer es ihnen passt, da sie nur ein Gefühl für eigene Bedürfnisbefriedigung haben. Egal ob in der Schule, im Bus, auf der Straße, diszipliniertes Verhalten im Sinne von Rücksichtnahme auf andere ist ihnen völlig fremd. Und wenn Eltern dieses Freiheitsstreben nicht von klein auf in geordnete Bahnen lenken, können Kinder zu einer starken Belastung für ihre Umwelt werden.

Aber auch wir Erwachsene haben so unsere Verhaltensmuster: Mir ist nach Rauchen, also rauche ich jetzt! Alle anderen um mich herum haben das gefälligst auszuhalten! Uns ist nach Grillgrölen auf dem Balkon bis tief in die Nacht, nach Party ohne Ende in Wohnzimmer und Garten - alle Nachbarn haben das, was sie um den Nachtschlaf bringt, geduldig auszuhalten. Wir lassen uns das Singen nicht verbieten!

Das Bedürfnis nach Liebe, hoher Anerkennung und Fremdachtung
Von Werner Schempp, Ministerialrat, Leiter des Protokolls im Staatsministerium Baden-Württemberg, stammen folgende Anleitungen, die ich im Winter 1999 einer Monatsbroschüre der IHK in Weingarten entnahm. Die genaue Quelle habe ich leider verloren.

"Die wichtigsten Grundregeln in Sachen Protokoll.
1. Die Rangfolge bestimmt alle protokollarischen Ordnungen wie Tischordnungen, Sitzordnungen, Rednerfolge oder die Reihenfolge der zu begrüßenden Personen.
Bei Vertretern von Wirtschaft und Industrie hilft die Bilanzsumme, auch die Ausübung von Ehrenämtern in Berufsverbänden kann die Rangfolge beeinflussen.
3. Einen Vorrang der Frau vor dem Mann gibt es bei protokollarischen Anlässen nicht.
4. Dem Ober-/Bürgermeister einer Gemeinde gebührt bei Veranstaltungen in seiner Gemeinde ein von der allgemeinen protokollarischen Rangfolge abweichender Platz an herausragender Stelle.
5. Traditionell werden Vertreter der Kirchen (Dekane, Pfarrer) an hervorgehobener Stelle platziert.
6. Bei gleichrangigen Personen richtet sich die Rangfolge nach dem Dienstalter.

Schema einer Rangfolge
1. Ministerpräsident, Minister und Staatssekretäre, Präsident des Landtages, Vizepräsidenten des Landtages sowie Fraktionsvorsitzende des Landtages
3. Abgeordnete des Bundestages, des Landtages sowie des Europäischen Parlaments, Bischöfe
4. Regierungspräsident (wenn ein Ministerialdirektor oder Regierungspräsident in Abwesenheit ranghöherer staatlicher Vertreter den Herrn Ministerpräsident oder die Landesregierung vertritt, nimmt er gegenüber Abgeordneten den höheren Rang ein)
5. Präsidenten der Industrie- und Handelskammern, der Handwerkskammern sowie der kommunalen Spitzenverbände
6. Landräte und Oberbürgermeister
7. Hauptgeschäftsführer der Kammern
8. Rektoren der Universitäten und Fachhochschulen
[eine bemerkenswerte Einstellung zum Stellenwert der Bildung!!]
9. Bürgermeister
10. Gemeinderäte
11. ggf. Beamte entsprechend ihrer Besoldungsgruppe."

So wird das Naturprogramm staatlich gefördert!

Die Strebung nach Achtung und Respekt von anderen, auch als Fremdachtung bezeichnet, wirkt so dominierend heftig in uns, dass alles, was wir als mangelnde Ehrerbietung und Missachtung der eigenen Person oder der eigenen Familie erleben, als tiefes Bedürfnisdefizit auf einer nach unten offenen Skala empfunden wird. Daher lösen auch nur vermutete Verstöße gegen das Bedürfnis nach Achtung und Respekt in aller Regel heftigste Aggressionen aus. In manchen Kulturkreisen kann eine "Verletzung der Ehre" tödlich für den Urheber enden. Das nennt man dann sogar "Ehrenmord!"

Als Mittel zur Gewinnung von Fremdachtung kann alles genutzt werden, was von anderen Menschen als Zeichen des eigenen Erfolges zu werten ist. **Impression Management** ist das Bestreben, zum Zweck der Beschaffung von Aufmerksamkeit den eigenen Eindruck auf andere zu steuern und zu kontrollieren (vergl. Bromley 1993, Mummendey & Bolten 1985, Piwinger & Ebert 1999, Franck 1998).
Insbesondere versuchen wir gerne andere durch Reden zu beeindrucken, um uns damit Achtung und Respekt zu sichern. Menschen, die uns zuhören, befriedigen dieses Bedürfnis, Menschen, die uns nicht zuhören, fügen uns ein Bedürfnisdefizit zu. Nicht zuhören ist daher ein häufiger Grund für Beziehungsstörungen.
Im Buhlen um Fremdachtung und Respekt inszenieren wir vielfach auch den Körper. Mit Piercings, Tattoos, auffälligen Frisuren und Kleidern wollen sich beide Geschlechter als außergewöhnliche Persönlichkeit zeigen.

Insbesondere Frauen setzen auf vorteilhafte Darstellung ihres Körpers. Sie konkurrieren mit ihrem Körper um Männer. Die Mode bietet ihnen 1000 Möglichkeiten, ihren Körper wirkungsvoll in Szene zu setzen oder ihn bis ins Lächerliche geschmacklos zu verunstalten. Auch Schminke, Frisuren, Parfums bis hin zu chirurgischen Mitteln dienen im Wettbewerb, um von den attraktivsten Männern Achtung und Respekt zu erfahren.

Männer bemühen sich um "Erfolg" als sicheres Mittel um Fremdachtung zu erfahren. Der Erfolg kann sportlich, wirtschaftlich oder informell sein. Männer stellen daher gerne im Gespräch ihre Erfolge in den Vordergrund. Arbeitslosigkeit ist nicht Erfolg, nichts, womit man sich Achtung und Respekt der anderen sichert. Daher ist für den überwiegenden Teil der Männer Arbeitslosigkeit ein Zustand, der heftigste Bedürfnisdefizite in ihnen erzeugt. Das Gefühl, nicht gebraucht zu werden, tut nicht gut.

Erfolg haben auch die Sportler, wenn sie Leistungen bringen, die von der Öffentlichkeit respektvoll anerkannt werden. Über beide Möglichkeiten zeigen Männer, dass sie gute Nahrungsbeschaffer und / oder starke Beschützer sind. So kann man Frauen beeindrucken (vergl. Eibl-Eibesfeld 1995, Grammer 1995).

Menschen, besonders solche, die selbst im Leben nicht besonders erfolgreich sind, haben jedoch auch die Möglichkeit andere Menschen als Stellvertreter auszuwählen, die für sie erfolgreich sind. So pilgern Millionen von Zuschauern in die Stadien, um ihre Stellvertreter auf dem Spielfeld siegen zu sehen.

Gewinnen die Stellvertreter, wird das in der Bedürfnisstruktur der Fans als eigener Erfolg gewertet. Wie die Geräuschkulisse zeigt, kann schon jedes einzelne Tor im Stadion kurzfristige Glücksgefühle auslösen. Gewinnen die Stellvertreter besonders wichtige Spiele oder gar die Meisterschaft, kann sich die Bedürfnisbefriedigung zu echten euphorischen Glücksgefühlen steigern.

Wenn die eigene Mannschaft verliert, verlieren wir jedoch auch mit. Das erzeugt ein Bedürfnisdefizit und Frustration, wenn das Bedürfnisdefizit nicht ausgeglichen wird. Dann bleibt die Niederlage als Bedürfnisdefizit solange hängen, bis sie durch Siege wieder ausgeglichen wird. Das kann sich unter Proleten so auswirken, dass die Anhänger der siegreichen Mannschaft verprügelt werden. Damit wird versucht, das eigene, durch die Niederlage erzeugte Bedürfnisdefizit auszugleichen.
Bleibt die eigene Mannschaft längere Zeiten ohne Sieg oder droht gar der Abstieg, werden auch schon mal Mannschaftsbusse blockiert und vor dem Vereinsheim die Verantwortlichen zur Rede gestellt. Die Mannschaft soll gefälligst ihr Verhalten ändern und uns, den Fans, gefälligst Erfolgserlebnisse verschaffen, damit der Frust wegen Erfolglosigkeit wieder abgebaut werden kann.

Um andere zu beeindrucken, lohnt es sich auch zu zeigen, dass man ein guter Mensch ist. Jeder ehemalige Sportler und viele Schauspieler haben heute eine Stiftung, um benachteiligten Menschen zu helfen. Wenn man an Weihnachten in einer der Fernseh- oder Radiosendungen 10€ spendet, will man dafür im Radio genannt werden. In Fernsehsendungen laufen Bänder mit den Namen der Spender. Das sind sehr gute Mittel, um öffentlich zu machen, dass man ein guter Mensch ist.

Geldproleten zeigen gerne die eigene Außergewöhnlichkeit über exklusiven Demonstrativkonsum, den normale Sterbliche sich nicht leisten können. PS-starke Autos, tolle Häuser, auffallende Kleidung, ausgefallener Schmuck, Urlaub in Marbella sind gute Mittel zum Zweck. Die ganz Tollen bekommen eine eigene Serie im Fernsehen.

Intellektproleten inszenieren ebenfalls im Buhlen um Liebe, Aufmerksamkeit und Respekt die eigene Außergewöhnlichkeit.
Als Vordenker für den Rest der Welt erklärt die wahre Elite, bestehend aus Intellektuellen, Journalisten, Professoren und Philosophen, in Feuilletons, Interviews und Talkshows, wie das Leben wirklich ist. Kabarettisten und Satiriker diskreditieren mit Vorliebe Politiker, Banker und Manager, ziehen alles und jeden ins Lächerliche und führen dem staunenden Publikum ihre eigene geistige Überlegenheit über diese Leute deutlich vor Augen! Je tiefer sie andere hinabdrücken, umso höher steigt ihr eigener Wert.
Geldproleten fahren einen Ferrari, Intellektproleten fahren nach Bayreuth.

Das Bedürfnis nach Achtung und Respekt betrifft auch ganze Gruppen. Die Christopher-Street-Day-Karnevalveranstaltungen, mit denen Homosexuelle und Lesben jeden Sommer Sonntag für Sonntag generalstabsmäßig die Städte fluten, ist durchgeplantes Impression Management. Dass sie damit mehr Achtung und Respekt für ihren Lebensstil erzielen, ist nicht sehr wahrscheinlich, eher das Gegenteil.

Schließlich kennen wir auch in der Politik stolze Länder. Der spanische Ministerpräsident Mariano Rajoy benötigte im Herbst 2012 zwar Geld von anderen für sein Land, empfand es aber als respektlos, dass die Auszahlung der Gelder mit Auflagen verbunden war.

Das Bedürfnis nach Fremdachtung wird befriedigt wenn man
- von außen die eigene Stellung, dass man etwas Besonderes ist und zu den Erfolgreichen gehört, bestätigt bekommt,
- für wichtig gehalten, gelobt, respektiert, geliebt und umjubelt wird, ein "Star" genannt wird; Wikipedia listet alleine in Deutschland 25 verschiedene Preise für Film- und Fernsehschauspieler[9] auf, sowie 35 Preise für Theaterschauspieler [10]
- respektvolle Ehrerbietung erhält, eine Sonderstellung einnehmen darf,
- edel ist, und andere das auch bemerken können.

Das Bedürfnis nach Macht
Macht ist die Möglichkeit, über andere zu verfügen. Macht ermöglicht daher die uneingeschränkte Selbstverwirklichung ohne Rücksicht auf andere. Wer die Macht hat, kann andere zu seinen Zwecken benutzen, kann seine eigenen Interessen auch gegen den Willen anderer durchsetzen! So ist Macht das beste Mittel um das eigene Überleben zu sichern. Wer die Macht hat, hat es geschafft. Daher zählt für viele Männer Macht zum Lebensglück. Nichts kann so sehr die eigene Überlegenheit nach außen verdeutlichen wie die Macht, die man ausüben kann. Superman zu sein, der Bessere, Überlegenere und Wichtigere zu sein, wird für alle deutlich! Weil es sich also persönlich unglaublich lohnt, Macht zu haben und zu zeigen, ist der autoritäre Führungsstil weltweit mit Abstand der gebräuchlichste Stil der Führung in Politik und Wirtschaft.
Um sich selbst die Macht zu sichern, kann Befriedigung aus allem asozialen Verhalten gezogen werden, zu dem ein Mensch fähig ist: Desinformation, verschweigen unerwünschter Wahrheiten, Intrigen, Lügen, Bestechungen, Fälschungen, Drohungen, Prügel, Mord, Raub und Vergewaltigung!

Machtausübung ist interessant, denn Machthaber erleben mit ihrem autoritären Auftreten doppelte Bedürfnisbefriedigung.
Angst ist ein sehr starker Motivator, Menschen im Sinne des Machtausübers funktionieren zu lassen. Daher lohnt es sich für Inhaber der Macht, andere so in Angst und Schrecken zu versetzen, dass sie willig im eigenen Interesse funktionieren. Das erspart dem Machtausüber eigenen Energieaufwand.
Darüber hinaus gibt das Ausüben von Macht an sich vielen einen richtigen Kick. Andere Menschen in Angst und Schrecken zu sehen, zeigt, dass die eigene Überlegenheit anerkannt wird. Das wird als Erfolgserlebnis genossen.

Machtausübung geht jedoch fast immer auf Kosten anderer! Bereits im Altertum ließen es sich die freien Bürger in Griechenland, der Wiege der Demokratie, auf Kosten ihrer Sklaven gut gehen. Auf dem Rücken der Entrechteten hatten sie Gelegenheit, sich mit Philosophie, Religion und weltanschaulichen Überlegungen die Zeit zu vertreiben. Im römischen Reich war es ähnlich. Irgendwo gab und gibt es immer die Herrschaftsschicht, die sich von Sklaven oder dem Volk ernähren lässt. Versailles grüßt. Als Kaiser und König von Gottes Gnaden war man dem Pöbel ja auch keinerlei Rechenschaft schuldig.

Und so geht das bis heute. In Afrika werden viele Länder bei Hungerkatastrophen von außen unterstützt, während die Herrschaftsschicht in diesen Ländern ungerührt bleibt. Ökonomisch betrachtet ist ihr Verhalten sinnvoll, da sie sich auf die Hilfslieferungen von Gutmenschen verlassen können. Weshalb sollten sie ihr Verhalten ändern?

Aber der Anlass zur Machtausübung kann auch sehr banal sein. Ein Blick eines Fremden genügt, und manche Aggressoren können von null auf hundert komplett außer Kontrolle geraten. Immer wieder berichten die Medien von Schlägern, die andere aus nichtigen Gründen zu Tode prügeln und treten. In Berlin bekommt man dann zur Belohnung zwei Jahre Haft auf Bewährung, besonders wenn man eigentlich aus gutem Haus kommt.

Und auch ganze Gemeinschaften möchten andere Gemeinschaften dominieren. Aus dem egozentrierten, individuellen Bedürfnis seiner einzelnen Mitglieder nach Bedeutung und Macht, entwickelt sich in der Gemeinschaft selbst ein kollektives Streben nach Bedeutung und Macht. Wir sind die Besten! Andere Gemeinschaften können nur als zweitrangig empfunden werden (vergl. Eibl-Eibesfeld 1984 und 1995).

Ganze Mobs prügeln sich daher vor, während und nach Fußballspielen, weil sie sich dazu verpflichtet fühlen, als Pöbelanhänger des einen Vereins die Pöbelanhänger anderer Vereine klein zu machen. Das ist voll hirnfreie Zone, aber auch volle Bedürfnisbefriedigung, wenn man mal wieder so richtig zugeschlagen und zugetreten hat. Die Rivalität zwischen Schalke und Dortmund im Kampf um die Vorherrschaft im Ruhrgebiet ist grotesk.

Aber nicht nur der Mob, auch die politische Elite eines Landes führt den Kampf um die Macht als Kampf von Partei gegen Partei. Erarbeitet eine Partei einen Vorschlag, wird dieser von den anderen Parteien schon reflexartig als völlig untauglich, als Klientelpolitik und, wenn ihnen sonst nichts mehr einfällt, mindestens als unsozial und ungerecht diskreditiert. So ist Politik auch in unseren westlichen Staaten nicht daran ausgerichtet, was das Beste für das Volk ist, sondern daran, was der Widerwahl dient. Und wenn Parteien im Wahlkampf nicht genug aufeinander einschlagen, jammert die Presse, dass der Wahlkampf doch viel zu zahm sei und nur noch Kuschelkurs gefahren werde, der keinen befriedigt.

Und so geht auch Ethnie gegen Ethnie. In Amerika, Australien, Neuseeland wurde die einheimische Bevölkerung von Einwanderern jeweils bis zur Bedeutungslosigkeit dezimiert. In Afrika herrschen ständige Kämpfe zwischen einzelnen Stämmen um die Vorherrschaft in bestimmten Gebieten. Serbien als Vielvölkerstaat ist wegen seiner ethnischen Konflikte auseinandergefallen, und wegen des Kampfes um die Vormachtstellung gibt es keine Ruhe zwischen den Israelis und ihren Nachbarländern. Jedes Volk beansprucht die Macht für sich alleine.

Alle Glaubensrichtungen und Sekten basieren auf dem Anspruch, allein im Besitz der einzig gültigen Wahrheit zu sein, die unantastbar und unbestreitbar ist und nach der alle anderen zu leben haben.
Weil irgendwelche Religionsgelehrte glauben, dass ihre Religion es verbietet, dass Mädchen lesen und schreiben lernen, gehen in Pakistan nur etwa 40% der Mädchen zur Schule. Bildung für Mädchen ist für diese Fundamentalisten eine Beleidigung ihres Gottes, der Männer und Frauen ungleich geschaffen hat! So soll es sein, so muss es bleiben!

Auch die Gutmenschen in unserem Lande, vor allem die Profidemonstranten für das Gute und gegen das Gefährliche und Böse, sind im Besitz der Wahrheit. Sie wissen, was für sie gefährlich ist. Und da sie vor dem, was sie für gefährlich halten, Angst haben, muss das, was ihnen Angst macht, insgesamt verboten werden. Wie gläubige Moslems die Scharia als gottgewolltes Rechtssystem über menschliche Rechtssysteme stellen, so stellen Gutmenschen ihre Wahrheit über unser demokratisches Rechtssystem. Atomenergie, Gentechnik, konventionelle Landwirtschaft und konventionelle Medizin sind für sie gefährlich. Aus dieser Einstellung heraus folgt der unermüdliche Don-Quijchote-mäßige Kampf gegen alle politischen Entscheidungen, die nicht ihren Zielvorstellungen entsprechen, fest unterstützt durch Gleichgesinnte in Presse, Rundfunk und vor allem dem öffentlich-rechtlichen Fernsehen. Deutschland muss eine Insel der Glückseligen werden. Daher muss die Verschwendung von Ressourcen im Bioanbau und in der Beschaffung regenerativer Energien gefördert werden. Zum Lebensglück der Gutmenschen gehört es, immer wieder einmal "Zeichen zu setzen", Menschenketten zu bilden, am Abend Kerzen anzuzünden, Castortransporte aufzuhalten. Und weil der Zweck immer ihre Mittel heiligt, dürfen Gutmenschen auch Bahngleise entschottern, Straßenzufahrten blockieren, Polizisten und Politiker unflätig beschimpfen, denn das alles dient dem Verhindern der von ihnen wahrgenommenen Gefahr. Alle anderen Menschen, die nicht das wollen, was Gutmenschen wollen, sind dumm, vom Kapital gekauft oder von Interessengruppen manipuliert.

Äußerst toleranzresistent bringen auch gerne mal streikende Minderheiten des öffentlichen Dienstes, der Deutschen Bahn oder Lufthansa den Verkehr zum Erliegen. Ein Unrechtsbewusstsein dafür, dass sie unbeteiligte Menschen nötigen, stundenlang im Stau auszuharren, sich auf kalten Bahnsteigen die Füße in den Bauch zu stehen, Menschen zu nerven, die auf die Erfüllung ihrer Forderungen nicht den geringsten Einfluss haben, ist ihnen völlig fremd. Für sie zählt nur der Rabatz für die eigenen Interessen, die mit Gewalt durchgesetzt werden sollen, und sonst gar nichts.

Dabei beweisen sie nur, dass man das Hirn zur Regelung von Meinungsunterschieden nicht einsetzen muss. Es ist halt auch einfach eine tolle Geschichte sich selbst im Fernsehen zu sehen, den Gewerkschaftsplastik um, im Mund die Trillerpfeife, in der einen Hand die Bierdose, in der anderen Hand die Marlboro. Der wieder einmal wahr gewordene Traum von Allmacht, Freiheit und Abenteuer!

Alles das sind Spontangemeinschaften, für die ihre eigenen Interessen so wichtig sind, dass sie kein Gefühl mehr dafür haben, dass sie die gleichberechtigten Interessen anderer glatt missachten.

Beispielhafte Faktoren der Bedürfnisbefriedigung:
- Selbst Macht, inklusive körperlicher und psychologischer Gewalt, gegen andere ausüben, privat, am Arbeitsplatz, im Verein, in der Politik;
- offizieller Leiter, Vorgesetzter sein,
- informeller Führer, Meinungsmacher, Trendsetter sein,
- andere im Alltagsleben dominieren;

Das Bedürfnis nach Genuss - Leben jetzt!

Zu tun, was Spaß macht, ist wohl, neben der Angst, der heftigste Motivator. Denn Genuss an sich ist zunächst einmal nichts Schlechtes. Wir Erwachsene genießen gern und zu Recht die Früchte unseres Erfolgs. Wer trinkt nicht gerne einen guten Wein, gönnt sich nicht einmal ein tolles Menü, eine teure Zigarre, einfach um des guten Geschmacks willen? Man hat es sich verdient. Auch die jährlichen Fahrten in den Urlaub, um Land und Leute zu genießen, das hat was. Es tut gut, mal zu entspannen, auszuruhen und alles um sich herum einfach auszukosten. Das ist ja voll in Ordnung, wenn es nicht auf Kosten anderer oder sogar auf eigene Kosten geht.

Gerade bei Kindern und jungen Erwachsenen, bei denen das Denken über den Tag hinaus noch nicht sehr verankert ist, ist die Sehnsucht nach Spaß sehr ausgeprägt. In dem Motto "Ich will leben, wie ich will" zeigt sich, dass es wenig zählt sich an andere anzupassen oder gar Verantwortung für sein eigenes Tun zu übernehmen. Die Nächte mit viel Alkohol oder anderen Drogen zu verbringen, ist für allzu viele ein vorrangiges Verhalten um Lebensglück zu finden! Dass diese Rauschmittel auch ein eher hohes Gefahrenpotenzial für Leib und Leben beinhalten, wird allzu gerne ignoriert.

Das Leben schrankenlos zu genießen hat oft viel mit spontaner, wenig reflektierter Lebensgestaltung zu tun. Daher kann Genuss auch sehr destruktive Züge tragen. Wir haben oben schon erwähnt, dass sich ganze Gruppen aus Spaß am Prügeln prügeln. Auch Hass kann sich darin entladen, dass man den, den man hasst, so richtig fertigmacht. Man kann Spaß daran haben, jemand zu quälen, auf grausamste Art zu foltern und ihn letztendlich zu töten. Auch Vergewaltigungen bedeuten Spaß auf Kosten anderer. Im Dezember 2012 ging ein Fall durch die Presse, wo sechs Männer in Indien eine Frau in einem Buss stundenlang vergewaltigten und sie dann nackt aus dem Bus warfen. Sie wurde dabei so schwer verletzt, dass sie wenige Tage danach starb.
Über Nacht zerstörte Spielplätze, verbrannte Grillhütten, abgefackelte Autos, umgetretene Parkuhren, umgestürzte Mülltonnen und Parkbänke, abgerissene Telefonhörer zeigen, dass da jemand Spaß gehabt hat.

Beispielhafte Faktoren der Bedürfnisbefriedigung:
- Spaß haben, wann immer es geht.
- Lustgewinn durch alle möglichen Dinge.

Das Bedürfnis nach Rache

Das von Lerner postulierte Bedürfnis nach Gerechtigkeit (Lerner 1980) sehen wir im Prinzip nicht. Wir haben Bedürfnisse danach, dass wir als Person und auch unser Eigentum von anderen respektiert und geachtet werden. Wird dieses Bedürfnis verletzt, verlangt unser Naturprogramm einen Ausgleich für den entstandenen Schaden, da nur so das Bedürfnisdefizit ausgeglichen werden kann. Doch sehen wir den Schaden in aller Regel größer, als er wirklich ist. Der verlangte Schadensausgleich ist daher auch in aller Regel zu hoch.

"Aug`um Aug`, Zahn um Zahn!" ist die Kurzfassung einer im Alten Testament verfügten Vorgehensweise: „Wenn aber Schaden geschieht, so sollst du geben Leben für Leben, Auge für Auge, Zahn für Zahn, Hand für Hand, Fuß für Fuß, Brandmal für Brandmal, Wunde für Wunde, Strieme für Strieme." (Exodus 21, 23-25; Elberfelder 1905).

Seit dem Altertum ist Rache gesellschaftlich anerkannt als gerechter Ausgleich für erlittene Schädigungen durch einen anderen. Die Vorschrift des Alten Testaments, auch Talionsprinzip (Vergeltungsprinzip) genannt, wollte jedoch, wie auch der Kodex des babylonischen Königs Hammurapi (1792-1750 v. Chr) die Rache in ein mäßigendes Verhältnis setzen, damit Rache nur in dem Ausmaß genommen wurde, wie einem selbst ein Schaden an Leib oder Leben entstanden war, und nicht mehr!

Dennoch hat sich die Blutrache als persönliche Rache in manchen Gesellschaften bis zum heutigen Tag nicht nur als Ausgleich für den Verlust eines Lebens, sondern auch für Verletzungen der Ehre gehalten.

Aber auch der Staat trat schon früh als Rächer auf. Jesus wurde vor seinem Tod zunächst gequält, seiner Würde beraubt und dann ans Kreuz genagelt, damit der Tod nur nicht zu schnell eintreten konnte. Der Tod als Strafe reichte nicht, die Menschen mussten zuvor noch zusätzlich gequält werden, die Gekreuzigten sollten vor ihrem Tod alle noch leiden, und die Zuschauer genossen das Schauspiel.

Bis ins Mittelalter wurden Todesstrafen oft durch Verbrennen oder Vierteilen, also auch auf besonders grausame Art, vollstreckt, so wie das auch heute noch bei der Todesstrafe durch Steinigung geschieht. Manche Verurteilten werden vorher noch ausgepeitscht. Das Volk beteiligt sich und johlt. Da war Hammurapi schon weiter.

Ansonsten hat sich in vielen Ländern der Erde die Todesstrafe ohne vorheriges physisches Quälen als legales Mittel der Rache erhalten, sogar in einem Land wie den USA, das sich selbst so gerne als Vorreiter für Demokratie, Freiheit und Gerechtigkeit sieht.

Auch unser Strafrechtssystem, das ohne Todesstrafe auskommt, ist im Prinzip ein System der monopolisierten Vergeltung. Der Einzelne darf sich in einem Rechtsstaat nicht mehr nach Gutdünken rächen, sondern der Staat tritt für den Geschädigten ein und nimmt für ihn Rache. Wenn jemand eine bestimmte mit Strafe belegte Handlung an Leib, Leben oder Eigentum eines anderen begeht, wird er daher mit einer ganz bestimmten Strafe als ausgleichende Rache für seinen Verstoß gegen die Regeln der Gemeinschaft bestraft.
Nur unterhalb dieser staatlich gesetzten Grenze kann in unserem Land ein Mensch seinen Rachegelüsten zum Ausgleich eines von anderen zugefügten Bedürfnisdefizits folgen. Und auch da kann das Bedürfnis nach Rache sehr heftig sein. Es wird umso heftiger sein, je mehr das eigene Selbstwertgefühl negativ berührt ist und je deutlicher dem anderen böswillige Absichten unterstellt werden können. Das einem selbst zugefügte Leid in Form von Missachtung, Respektlosigkeit oder effektivem Schaden schreit nach Tilgung. Wenn wir sogar direkt physisch oder psychisch angegriffen werden, sind stärkste Strebungen nach offener oder heimlicher Rache geradezu unausweichlich.
Sind einzelne Menschen nicht als Quelle eines Bedürfnisdefizits auszumachen, gleicht oft sinnloser Vandalismus das eingetretene Bedürfnisdefizit aus.
Auch Dinge, die nicht so funktionieren, wie wir das wollen, können Bedürfnisdefizite auslösen. Haben Sie nicht auch schon einmal einen abstürzenden Computer verflucht, einen Geschäftspartner, den Sie am Telefon nicht erreichen konnten, weil auch beim zehnten Wahlversuch sein Telefon noch besetzt war, oder Ampeln verwünscht, die partout immer gerade dann auf "Rot" schalten, wenn Sie angefahren kommen? Dann wissen Sie, wovon die Rede ist!

Beispielhafte Faktoren der Bedürfnisbefriedigung:
Wenn man sich stark genug fühlt, wird auf Angriffe sofort (über-)reagiert. Das kann psychisch durch Schmähungen oder verbale Bedrohungen erfolgen bis hin zu physischen Übergriffen. Aber auch Mobbing, Liebesentzug, Entzug von Unterstützung sind Möglichkeiten der Rache.
Vorgesetzte schreien Mitarbeiter bei Fehlern an, lassen Strafarbeiten machen, verweigern Beförderungen und Höherstufungen im Gehalt.
Zu meiner Zeit waren Schläge in der Schule noch normale Reaktionen der Lehrer bei unangemessenen Leistungen oder respektlosem Verhalten.
Wenn man sich schwächer fühlt, erfolgen auch oft hinter dem Rücken des anderen Racheaktionen bis hin zu glatt erdichteten Verleumdungen.

2.5 Der Effizienztrieb
Das Wesen des Effizienztriebes

Geltungstrieb, Sexualtrieb und Lebenstrieb geben die Grundrichtung des menschlichen Strebens an. Sie bestimmen inhaltlich die Ziele unseres Lebens, wie wir das oben gesehen haben.
Der Effizienztrieb ist anderer Natur. Er steuert unsere Aktivitäten so, dass wir unsere Ziele auf (subjektiv) selbsteffiziente Art erreichen, damit das "System Mensch" auf effiziente Art funktioniert. Während ein Zieltrieb nach seiner Befriedigung auch mal Pause hat, ist der Effizienztrieb immer aktiv und quasi parallel dem jeweils wirksamen Zieltrieb zugeschaltet.
Was ist der Zweck?
Wir haben oben bereits festgestellt, dass wir Menschen Energie umwandelnde Systeme sind. Nachteilig dabei ist, dass wir Menschen weder über systemimmanente Energiequellen noch wie die Pflanzen über die Fähigkeit zur direkten Energieversorgung verfügen. Wir sind lediglich mit selbst angelegten Fettdepots ausgestattet, die als Energiepuffer dienen und kurzfristig das Überleben sichern.
Im Zustand völliger Inaktivität und Ruhe, im "Energiesparmodus", ist die Energieumwandlung des Systems Mensch auf den Grundaufwand reduziert. Grundaufwand ist die Menge an Energie, die zur Erhaltung des Systems, insbesondere zur Aufrechterhaltung der Stoffwechselvorgänge, unabdingbar notwendig ist. Das System läuft auf "Sparflamme". Im "Aktivmodus", der für jede einzelne Aktivität notwendig ist, benötigt das System zusätzlich zum Grundaufwand weitere Energie. Der Bedarf kann je nach körperlicher Anstrengung und Dauer zusätzlich Energie von bis zu ca. 10.500 kJ täglich erfordern - etwa bei einem Bergarbeiter (Silbernagel & Despopoulos 1983).
Da wir einerseits ständig Energie verbrauchen, anderseits aber über keinerlei eigene Energievorräte verfügen, stellt Energie für das System Mensch einen Engpass dar. Wir müssen uns in regelmäßigen kurzen Abständen in den Aktivmodus schalten und uns so mit Energie versorgen, dass der permanente Energieverbrauch ausgeglichen ist. Bezüglich unserer Energieversorgung tritt also das Paradoxon ein, dass wir uns erst einmal aus dem Energiesparmodus in den zusätzliche Energie verbrauchenden Aktivmodus hochschalten müssen, um uns Energie zum eigenen Überleben zu beschaffen. Wäre der Energieverbrauch für die Energiebeschaffung allerdings größer als der aus der Energiebeschaffung resultierende Energiezufluss, wäre er ineffizient und verschwendet, da sich das System langsam erschöpft und letztendlich untergeht.

Damit dies nicht geschieht, wacht der Effizienztrieb über unsere Energiebilanz. Bevor wir in den Aktivmodus schalten, prüft er, ob überhaupt und in welchem Ausmaß wir durch den Energieverbrauch selbst einen Energiezufluss oder einen einem eigenen Energiezufluss vergleichbaren Nutzen haben. Ein Nutzen ist nur dann gegeben, wenn er mindestens als äquivalent zur aufgewandten Energie eingeschätzt wird. Dann ist er für uns ein Grenznutzen, ab dem sich Energieeinsatz lohnen könnte. Ist kein eigener Nutzen in Sicht, belässt der Effizienztrieb das Lebenssystem im Energiesparmodus.

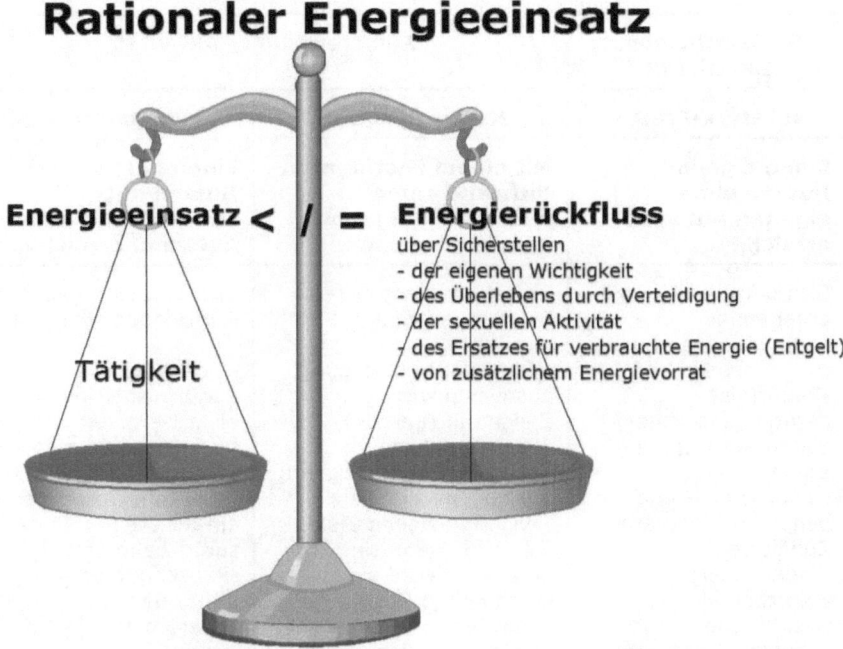

Rationaler Energieeinsatz

Energieeinsatz < / = Energierückfluss

über Sicherstellen
- der eigenen Wichtigkeit
- des Überlebens durch Verteidigung
- der sexuellen Aktivität
- des Ersatzes für verbrauchte Energie (Entgelt)
- von zusätzlichem Energievorrat

Tätigkeit

Weil Energie also ein knappes Gut für uns ist, ist der Effizienztrieb bestrebt, ein effizientes, also individuell optimales Verhältnis zwischen eigenem Energieeinsatz und eigenem Ertrag / Nutzen zu erzielen. Dies gilt auch für Nutzen aus sozialen Beziehungen (vergl. Thibaut & Kelley 1959; Kelley & Thibaut 1978; Walster et al. 1976). In unserem Naturprogramm existieren nämlich die Wertungen "gut" und "böse" nicht, nur die Wertungen "zweckmäßig für mich" und "unzweckmäßig für mich".

Effizienz ist für uns Menschen daher immer primär Selbsteffizienz. Aus selbsteffizientem Handeln muss sich also nicht notwendigerweise Effizienz für andere ergeben.

Selbsteffizienter Energieeinsatz, der als unabdingbar notwendige Überlebensstrategie das gesamte menschliche Verhalten prägt, ist über drei unterschiedliche Energieeinsatz-Strategien zu erreichen. Die Strategien, die die eigenen Aktivitäten betreffen, sind als ökonomisches Prinzip oder Rationalprinzip in der Mikroökonomie beschrieben.

Selbsteffiziente Inaktivität	Selbsteffiziente Aktivität	
Null-Max-Prinzip	**Maximalprinzip**	**Minimalprinzip**
Einen eigenen Nutzen ohne eigenen Aufwand erreichen.	**Mit einem bestimmten Aufwand einen maximalen eigenen Nutzen erreichen.**	**Einen bestimmten Nutzen mit minimalem eigenem Aufwand erreichen.**
Sich daraus ergebende Strebungen sind u. a. -Bedürfnisbefriedigung ohne eigene Anstrengung erhalten - andere aus- und benutzen (Sklaverei, Zuhälterei, Kinderarbeit); - Korruption! Sich beschenken, versorgen, bedienen, unterhalten, protegieren lassen; - Diebstahl, auch geistigen Eigentums	Sich daraus ergebende Strebungen sind u. a. - Bedürfnisbefriedigung aus wenig wichtigen Zielen mit (gerade) ausreichendem Energieeinsatz erreichen; aber auch - wichtige eigene Ziele, die, auch wenn sie herausfordernd sind, einen hohen Nutzen für uns selber bringen, sicher erreichen wollen, auch mit hohem Energieeinsatz, soweit dieser unumgänglich notwendig ist	Sich daraus ergebende Strebungen sind u. a. - bestimmte Bedürfnisbefriedigung billigst erhalten; - arbeiten, wo man am besten bezahlt wird; - das tun, wofür man am meisten zurückbekommt -Rauschgifthandel, Raub, Betrug, Unterschlagung

Das Null-Max-Prinzip
Warum wir gerne andere für uns arbeiten lassen.
Was im Tierreich gilt, gilt auch für uns Menschen: Grundsätzlich gehört die Beute nicht dem, der sie beschafft, sondern dem, der sie verzehrt. Bedürfnisbefriedigung oder Abwehr eines Bedürfnisdefizits ohne eigenen Aufwand zu erreichen, ist das Beste, was uns passieren kann. Für Lebewesen ist es daher grundsätzlich immer attraktiv, die eigenen Energieressourcen zu schonen und andere für sich arbeiten zu lassen!
Gerechtigkeit und Gleichheit gelten nur unter dem Aspekt, wie andere mit uns umgehen, nicht unter dem Aspekt, wie wir mit anderen umgehen. Alle reden bezüglich des Wohlstands von Verteilungsgerechtigkeit. Von Erarbeitungsgerechtigkeit redet niemand. Niemals wird darum gestritten, wer Leistung / Beute / Geld herbei-schaffen darf, es wird immer nur darum gestritten, wem wie viel von dem, was andere erarbeitet haben, denjenigen gegeben wird, die wenig oder nicht arbeiten. Denn wenn Beute schon mal vorhanden ist, wollen auch diejenigen an ihr teilhaben, die mit der Beschaffung nichts zu tun hatten. Basta! Keine Kosten, kein Aufwand, nur Nutzen! Das ist unsere Art der Umsetzung des Gerechtigkeits- und Gleichheitsprinzips! Wenn andere meine Wünsche erfüllen, ist das gerecht, denn meine Forderungen können nicht ungerecht sein. Sozialleistungen werden daher auch mal durch Betrug erschlichen, ohne dass das im entferntesten ein schlechtes Gewissen auslöst. Es ist gerecht, sich das zu holen, was man freiwillig nicht bekommt.

Der Hartz-IV-Satz kann nie hoch genug sein. Für sich selbst wird ein sehr subjektiver Anspruch auf ein menschenwürdiges Leben definiert, der von denen, die arbeiten, gefälligst zu finanzieren ist. Diese Denkhaltung wird gern gestützt von Menschen, die selbst nicht in der Pflicht stehen, Wertschöpfung zu erarbeiten.
Gerade bei Kindern, die wenig von Sozialisation belastet, eher nach dem "Laissez-faire"-Prinzip aufwachsen, bleibt das Null-Max-Prinzip aus dem Naturprogramm ziemlich unangetastet:
Kinder lassen sich von Haus aus bedienen. Sie fordern Kleidung nach ihrer Wahl, Nahrung nach ihrer Wahl, die Eltern haben grundsätzlich zu funktionieren. Das eigene Zimmer bleibt unaufgeräumt, die Schuhe ungeputzt und der schicke neue Pulli ungewaschen. Mutter wird sich schon drum kümmern.
„Schatz, leere doch mal den Aschenbecher aus. Und wenn du schon aufstehst, bring mir doch gerade ein Bier mit." Auch Sätze wie: "Wo warst du, als ich dich brauchte?", "Ich fühle mich von dir im Stich gelassen!"

zeigen, dass andere für uns verfügbar zu sein haben, wenn uns danach ist. Zigarettenkippen landen auf der Straße, Kaugummis auf dem Boden. Andere werden die für uns unnütz gewordenen Dinge entsorgen.

Mit (fast) null eigenem Einsatz ein Maximum an Nutzen zu erreichen, spielt auch im Geschäftsleben eine große Rolle: Andere als „Sklaven" für sich arbeiten zu lassen, gestattet es, mit null Einsatz eigener Ressourcen einen hohen eigenen Nutzen zu erzielen. Die als Kulturdenkmäler gefeierten Schlösser, Burgen und Klöster sind oft im Frondienst auf dem Rücken und dem Leiden entrechteter Menschen entstanden. In die USA wurden bis 1865 mit Gewalt Schwarze zur Arbeit eingeschleppt, um auf den Baumwollplantagen oft sehr christlicher Farmer zu arbeiten und deren Reichtum zu vermehren. Das war sehr gut mit dem christlichen Weltbild vereinbar, denn die Realität gestalten wir so, wie sie uns nutzt. Im christlichen Deutschland wurde erst zwischen 1770 und 1830 die Leibeigenschaft abgeschafft, 1848 in Kroatien, 1861 in Russland. Doch gibt es nach wie vor Formen offener und verdeckter Sklaverei.

Allgemein ist in der Dritten Welt Kinderarbeit an der Tagesordnung. Der neue Bericht der Internationalen Arbeitsorganisation (ILO) über Kinderarbeit konstatiert, dass die Zahl der arbeitenden Kinder weltweit, zwischen 2004 und 2008, um 3% von 222 auf 215 Millionen gesunken ist[5].
In Indien und Bangladesch werden Frauen in der Textilherstellung in 8-12 Stundenschichten ausgebeutet. Sie müssen sich für drei Jahre Arbeit verpflichten, um dann das Geld ausgezahlt zu bekommen, das sie als Brautpreis benötigen, damit sie geheiratet werden.

Das weltweit ausbeuterische Sexgeschäft gehört ebenfalls in diese Kategorie. Aus den ehemaligen Ostblockstaaten, aus Thailand, Lateinamerika und Schwarzafrika werden Mädchen nach Europa in die "Sexbranche" geholt. Mädchenhändler oder Zuhälter wissen genau, dass sie die Frauen über kurz oder lang psychisch und seelisch kaputt machen oder abstumpfen. Das spielt in ihren Überlegungen zu ihrer persönlichen Nutzenmaximierung keine Rolle. Selbsteffizientes Verhalten ist angesagt!

Die Parteienfinanzierung ist kaum erarbeitet. Da die Politiker nicht in der Lage sind, ihre Parteien für die Menschen attraktiv zu machen, wird halt das Überleben der Parteien durch selbst genehmigte Zahlungen aus Steuermitteln gesichert. Selbsteffizientes Verhalten ist angesagt!

Das Minimalprinzip
Einen bestimmten Nutzen mit dem gerade erforderlichen Aufwand erreichen.
Gelegentlich lässt es sich - bei aller Anstrengung, andere für uns arbeiten zu lassen - nicht vermeiden, dass wir selbst aktiv werden müssen. Dazu sind wir, unter Anbetracht dessen, dass Energie für uns ein knappes Gut ist, darauf programmiert, um ein klar definiertes Ziel zu erreichen, nicht so viel Energie als möglich, sondern nur so viel Energie als notwendig aufzuwenden. Sogar Tiger und Löwen jagen nicht die stärksten Tiere. Sie halten sich an schwache, alte, kranke oder verletzte Tiere. Energiesparen ist angesagt, und die Gefahr, selbst verletzt oder Beute zu werden, wird verringert.
Wir Menschen handeln nicht anders: Die Erkenntnisse amerikanischer und israelischer Archäologen um Mary C. Stiner über die Ernährungsgewohnheiten der Steinzeit-Menschen bestätigen das Bild des effizienten Energieeinsatzes der Menschen bereits vor 10 000 bis 20 000 Jahren. Unsere Urahnen nutzten nicht alle vorhandenen Nahrungsquellen gleichzeitig, sondern erbeuteten immer das, was am leichtesten zugänglich war. So jagten sie zunächst hauptsächlich langsame, ortstreue und damit mit geringerem Energieaufwand zu erbeutende Tiere so lange, bis der Bestand der Tiere praktisch vernichtet war. Danach mussten sie ihren Energieeinsatz notgedrungen erhöhen, um schwerer zu erbeutende Tiere wie Hasen und Kaninchen zu jagen (Stiner 2001).

Die Bewohner der Urwald- und Steppenregionen in Südamerika, Afrika, Ozeanien, Australien und die Bewohner vieler Südseeinseln, die in klimatisch so begünstigten Zonen und Vegetationen leben, dass sie ihren Energiebedarf dadurch decken können, dass sie täglich auf die Jagd, zum Fischen oder zum Sammeln von Früchten gehen, leben heute noch auf dem Niveau, auf dem in Europa die Völker in der Steinzeit lebten.
Der mangelnde Überlebensdruck in diesen Regionen führte dazu, dass jede weitere Entwicklung in Richtung Hausbau, Ackerbau und Viehzucht unterblieb. Nur die Menschen, die in klimatisch weniger begünstigten Zonen zur Vorratswirtschaft gezwungen waren, mussten mehr als das heute für das tägliche Überleben Notwendige tun. Sie mussten sich Vorräte anlegen für die Winterzeit, in der nichts geerntet werden kann. Aber Vorratshaltung ist die Voraussetzung für Tauschhandel, und Tauschhandel ist die Voraussetzung für Wohlstand über den Bedarf hinaus, den wir zum Überleben heute benötigen. Nicht so viel Energie als möglich, sondern gerade so viel Energie als notwendig aufzuwenden,

prägt dennoch auch unseren Alltag. Eigener Nutzen wird ungerührt mit minimalem Aufwand realisiert, auch wenn es auf Kosten anderer geht. Dies bedeutet z. B. im Bereich Umweltnutzung, dass die Styropor-Schachtel, in der der Hamburger verpackt war, achtlos aus dem Auto fliegt, Zigarettenkippen und Kaugummis mit oder ohne schlechtes Gewissen auf der Straße landen, Hundekot auf dem Gehweg liegen bleibt und Müll jeder Art bis hin zu Autoreifen irgendwo im Wald landet. Um das „Reifezeugnis" zu erhalten, wählen viele Abiturienten zur Prüfung die leichtesten Fächer, um mit geringerem Aufwand dennoch beste Noten zu erzielen.

Wir kaufen Autos, um nicht überall hinlaufen zu müssen. Das Auto nimmt uns unter anderem Energieaufwand ab. Wir setzen im Haushalt Wasch-, Spülmaschinen und Staubsauger ein, da diese uns den Energieaufwand für die Arbeiten ersparen. Wir nutzen in Unternehmen Werkzeuge und Maschinen, um Produkte schneller herstellen zu können, und sparen gleichzeitig an Energieaufwand.

Wir nutzen Computer, da diese Maschinen Rechenarbeit für uns übernehmen, für uns Zeichnungen erstellen und wir mit ihrer Hilfe Manuskripte effizienter schreiben können als auf der Schreibmaschine, die uns keinen Tippfehler verzeiht, und sparen Energie dabei.

Auch die Beliebtheit autoritärer Umgangsformen hat eine Ursache darin, dass, im Vergleich zu langen Diskussionen und Überzeugungsprozessen, die tendenziell zusätzlichen Energieeinsatz mit unsicherem Ausgang erfordern, mit einem kurzen, knappen Befehl, einer heftigen Drohung oder einer schnellen Ohrfeige, also mit deutlich geringerem eigenen Energieaufwand, das gewünschte Ergebnis sicher erreicht wird. Zumindest vordergründig!

Wenig Energieeinsatz bei maximalem Nutzen begründet die Kriminalität als natürlichen Bestandteil des Lebens. Korruption verursacht allein für die EU-Wirtschaft einen Schaden von geschätzten 120 Milliarden Euro pro Jahr[6]. Was würde wohl geschehen ohne die gesetzlichen Strafandrohungen, die die persönlichen Aufwands-Ertrags-Rechnungen deutlich negativ beeinflussen? Auch für Diebstahl geistigen Eigentums / Ideenklau sind wir sehr anfällig.

2011 wurden Doktorarbeiten von einigen Politikern der Regierungsparteien im Internet spektakulär auseinander- genommen und von der Presse genüsslich ausgeschlachtet. Seltsamerweise scheinen jedoch alle Doktorarbeiten von Politikern der derzeitigen Oppositionsparteien voll auf wissenschaftlich korrekter Basis entstanden zu sein.

Das Maximalprinzip
Mit einem feststehenden Aufwand den maximalen Nutzen erreichen.

Das starke Bedürfnis danach, mit der eigenen Energie sparsam umzugehen, macht natürlich eine Aktivität für uns Menschen umso interessanter, je höher der Nutzen / Gewinn für uns aus einer feststehenden Aktivität, also einem festen Energieaufwand, resultiert.

Wir versuchen daher zunächst durch geeignete Wahl des Arbeitsplatzes für unseren gegebenen Arbeitseinsatz ein möglichst hohes Einkommen zu erzielen. Das gegebene Einkommen wird dann so zum Konsum verwendet, dass der größtmögliche Nutzen erreicht wird. Das Ergebnis ist mathematisch ein Optimum, das auch als Haushaltsoptimum bezeichnet wird.

Der deutsche Ökonom Hermann Heinrich von Gossen hat bereits 1854 festgestellt, dass der Nutzenzuwachs jeweils bei der ersten konsumierten Einheit eines Gutes am größten ist und danach beständig abnimmt bis kein Nutzenzuwachs mehr erreicht wird. Diese Menge ist die Sättigungsmenge.

Sind wir hungrig, dann schmeckt das erste Stück Kuchen sehr gut, das zweite mit zunehmender Sättigung auch noch gut, nach dem dritten Teil wird es schwierig, man fühlt sich voll gesättigt. Im Normalfall hat der verbleibende Kuchen nun keinen Nutzen mehr für uns, er kann jedoch einen Schaden bewirken. Isst man das vierte Stück wirklich auch noch, kann es dem Esser ein unangenehmes Völlegefühl bereiten, es kann ihm sogar schlecht werden. Der Zustand der Übelkeit führt zu einem Bedürfnisdefizit. Der ursprüngliche Nutzen des Kuchens ist also in einen Schaden umgeschlagen, anstelle einer Bedürfnisbefriedigung ist ein Bedürfnisdefizit getreten.

Aber auch bis zur Sättigung wird kaum jemand seinen Konsum treiben. Dies liegt daran, dass die Güter ja nicht kostenfrei zur Verfügung stehen, sondern einen Preis haben. In der Tat wird der Nachfrager beim Konsum jeder weiteren Einheit den Zuwachs an Nutzen mit dem jeweils dafür zu zahlenden Preis vergleichen. Ist der Nutzenzuwachs > Marktpreis, wird er kaufen, ist der Nutzenzuwachs = Marktpreis, wird er (vielleicht gerade noch) kaufen, ist der Nutzenzuwachs < Marktpreis, wird er nicht (mehr) kaufen.

Der Effizienztrieb fällt diese allerdings individuellen, subjektive Urteile. Wenn wir schon Geld, als Materie gewordene Energie, einsetzen, dann wollen wir für den Energieeinsatz das optimale, nicht zu übertreffende

Ergebnis erzielen, das wir für möglich halten. Wird jedoch auch nur vermutet, dass mehr Energie eingesetzt werden muss, als letztendlich an Nutzen gewonnen wird, wird dies als Energieverschleuderung, als Unkosten betrachtet, was dazu führt, dass wir in einem deaktivierten Zustand verbleiben.

An der Theorie des Grenznutzens ist zu erkennen, dass es keine extrinsische Motivation gibt. Jedes Gut hat den Nutzen und Wert, den wir ihm in einem bestimmten Moment zuschreiben. Im nächsten Moment kann es schon jeden Nutzen verloren haben oder uns sogar schaden. Erkennen wir das, ist die Motivation für das Gut erloschen.

Weiterhin geht kurzfristiger Nutzen vor mittel- und langfristigem Nutzen. Das bedeutet, dass leicht heute die Schule geschwänzt wird, auch wenn sich dadurch die Aussichten auf ein späteres gutes Zeugnis verringern.
Der eigene aktuelle Nutzen jetzt wird selbsteffizient realisiert, ungeachtet des Schadens, der dadurch später erzeugt wird.

Und was für einzelne Menschen gilt, gilt auch für ganze Unternehmen. Bodenschätze jeder Art werden oft unter Bedingungen gewonnen, die der Umwelt schaden. Abwässer, verschmutzte Luft und sonstige Abfallprodukte werden nur dort umweltfreundlich entsorgt, wo ein Gesetzgeber es vorschreibt. Überfischung, Überweidung und Raubbau bezüglich der Abholzung der Wälder erfolgen ebenfalls vor dem Hintergrund, dass der kurzfristige eigene, selbsteffiziente Nutzen mehr zählt als ein kollektiver, langfristiger Nutzen.

Ein optimales Verhältnis zwischen eigenem Energieeinsatz und eigenem Nutzen zu erzielen heißt auch, dass die Aktivitäten quasi "automatisch" so ausgerichtet werden, dass die Bedürfnisse, die im Moment am heftigsten in das Bewusstsein dringen, zuerst befriedigt werden. Stehen mehrere Tätigkeiten zur Auswahl, wird daher diejenige zuerst durchgeführt, die subjektiv den **höchsten Grenznutzen**, die höchste positive Differenz zwischen Energieeinsatz (Kosten) und Energieertrag (Nutzen), bringt (siehe auch Vroom 1964).

Beispiel: Wenn die Heizung im Winter gerade ausgefallen ist, gleichzeitig der Fernseher anfängt zu flimmern und ich mit einem neuen Anzug liebäugele, werde ich wohl zuerst die Heizung reparieren lassen, da ich mir diese Arbeit selbst nicht zutraue, mir die tägliche wohlige Wärme im

Zimmer aber subjektiv den größten Nutzen bringt. Was nutzt mir ein erstklassiges Fernsehbild in einer eisigen Wohnung? Wenn jedoch Geld übrig bleibt, werde ich mir einen neuen Fernseher anschaffen und irgendwann auch einmal wieder einen neuen Anzug.

Das Streben nach höchster Differenz zwischen Kosten und Nutzen gilt auch für das Investieren oder Nichtinvestieren in soziale Beziehungen. Freunde sind nur solche Menschen, die einen Nutzen für uns selber bringen. An Menschen, die uns nichts nutzen, sind wir nicht interessiert.

Die Bewertung eines Nutzens, wie auch die Einschätzung des zu seiner Sicherung erforderlichen Energieaufwands, ist immer eine subjektive Angelegenheit. In einem Bereich, in dem ein Nutzen über materielle Dinge realisiert wird, kann noch eher von einem mehr oder weniger sachlich objektivierbaren Nutzen und dem dafür notwendigen Aufwand ausgegangen werden. Ich kaufe eine Brille, deren primär objektivierbarer Nutzen grundsätzlich darin besteht, besser sehen zu können. Sekundär können ästhetische Aspekte auch einen Nutzen haben.

Der Bereich, in dem der Nutzen voll aus immateriellen Dingen realisiert wird, entzieht sich jedoch völlig einer sachlichen Objektivierbarkeit, wie auch der Aufwand, der zur Realisierung des Nutzens erforderlich ist. In diesen Bereich fallen unter anderem die Nutzen aus Religionsausübung, Astrologie, Handeln aus Aberglaube etc.

Aber auch Nutzen aus Gruppennormen, wie auch der Aufwand, um sich den Nutzen zu sichern, entziehen sich oft der rationalen Beurteilung. In Japan ist es z. B. durchaus üblich, als Zeichen der Teamverbundenheit nach Feierabend miteinander in die Kneipe zu gehen.

Aus dem, was wir zum Effizienztrieb gesagt haben, wissen wir nun: Selbst aktiv sein heißt Energie gegen eigenen Nutzen (als Energieäquivalent) zu tauschen. Daraus ergibt sich, dass auch das Arbeitsverhältnis als Tauschverhältnis zwischen Arbeitgeber und Arbeitnehmer zu begreifen ist (vgl. Adams 1965, Thibaut & Kelley 1959, Walster et al. 1978). Beide setzen Energie ein, da sie erwarten, vom jeweils anderen den für diesen Energieaufwand adäquaten Nutzen (Skinner 1953, Homans 1958) zurückzuerhalten. Der optimale Nutzen liegt dann vor, wenn Arbeit und Arbeitsbedingungen als Teil des eigenen Lebensglücks empfunden werden.

Mitarbeiter geben ihre soweit als notwendig erachtete Arbeitskraft, ihre Fähigkeiten und Ideen als Arbeitsleistung und erwarten von ihren Vorgesetzten als Gegenleistung ein maximales finanzielles Äquivalent wozu gehört, auf keinen Fall geringer bezahlt zu werden als vergleichbare Kollegen im eigenen Unternehmen oder in fremden Betrieben (vgl. Adams 1965), eine Arbeit, die Freude bereitet, sowie optimale Arbeitsbedingungen, persönliche Achtung, Anerkennung und Respekt (siehe Herzberg 1959)!

Unternehmer investieren Vermögen in Gebäude, Maschinen, Ausbildung, Entgelt, Sozialleistungen, Dienstwagen etc. und erwarten von ihren Mitarbeitern als Gegenleistung dauerhaft sehr hohen Arbeitseinsatz, dauerhaft sehr hohe Qualität, in besonders kritischen Situationen auch Mitdenken, sowie Loyalität. Zusätzlich erwarten sie ohne Gegenleistung Achtung, Anerkennung und Respekt!

So könnte man also glauben, dass beide Seiten ihre Seite einer gemeinsamen Waage so anfüllen, dass sich völlig selbstverständlich ein Gleichgewicht zwischen Geben und Nehmen einstellt und daher Arbeitsfriede herrscht. Aber wie ist die Realität?

Sehr häufig leiden Arbeitsverhältnisse unter einem großen Manko: Weder die Arbeit an sich noch das Entgelt, die Arbeitsbedingungen einschließlich des Führungskräfteverhaltens sind so, dass die Menschen ihr Arbeitsleben als Teil ihres Lebensglücks erfahren können. Wenn jedoch der Glaube fehlt, dass Arbeit insgesamt ein Teil des Lebensglücks sein kann, wird die Leistung abgesenkt, oder die Bewertung des Tauschverhältnisses reduziert sich auf die Lohngerechtigkeit (vgl. Homans 1958 Adams 1965,Thibaut & Kelley 1959).

Das ist jedoch problematisch. Bei der Betrachtung des Effizienztriebs haben wir gesehen, dass grundsätzlich das Maximalprinzip gilt: Für einen bestimmten Aufwand - also die Leistung, die ich erbringe - will ich einen maximalen eigenen Nutzen erreichen. Nur das ist für mich selbsteffizient.

Sowohl Arbeitgeber als auch Arbeitnehmer streben daher grundsätzlich nach eigener Nutzenmaximierung. Jeder möchte für seinen Einsatz den maximalen persönlichen Nutzen von der Gegenseite! Und es gilt, was wir oben zum Geltungstrieb gesagt haben: Wir verschieben gerne die Realität zu unseren Gunsten. Je stärker das eigene Selbstwertgefühl über den Wolken schwebt, umso mehr wird der eigene Energieeinsatz im Arbeitsleben überschätzt und die Gegenleistung des andern unterschätzt. Aus dieser Einstellung heraus reklamieren dann auch beide Seiten jeweils den maximalen Anteil aus der gemeinsam erbrachten Wertschöpfung für sich selbst: Arbeitgeber halten eher geringe, Arbeitnehmer eher hohe Löhne für gerechtfertigt (vergl. Walster et al. 1978).
Und niemals gibt es ein Zurück. Besitzstandswahrung ist angesagt, gleich wie es um das Unternehmen steht. Wenn ein Vorgesetzter einem Mitarbeiter anbietet, ihm den Lohn um 10% zu kürzen, wird das ohne Ärger von seiten des Mitarbeiters abgehen? Wenn er ihm jedoch anbietet, den Lohn um 100% zu erhöhen, wird der Mitarbeiter das ablehnen?

Für Führungskräfte haben wir folgende Anregung: **Fragen Sie sich nicht, wie Sie "Ihre" Mitarbeiter motivieren können, sondern fragen Sie sich, wie Sie Arbeit und Arbeitsbedingungen gestalten müssen, damit die Menschen in Ihrem Unternehmen Arbeit als Teil ihres Lebensglücks empfinden können.**
Solange Sie es nicht schaffen, Arbeit und Arbeitsbedingungen so zu gestalten, dass Menschen in ihrer Arbeit einen Teil ihres Lebensglücks erkennen können, werden Stellvertreterstreitigkeiten über die Verteilung der Wertschöpfung immer wieder im Vordergrund stehen.

2.6 Das Naturprogramm und seine Variationen

Die Gene replizieren jedoch nicht immer zu 100% das Vorhandene, mit Einfluss auf Gestalt, Verhalten und geistig-kognitive Fähigkeiten. Die Natur erzeugt immer wieder neue Muster, die ihre Tauglichkeit dann in der Praxis durch Überleben beweisen müssen (siehe Darwin 1872).
Wenn die Baupläne der Gene in irgendeiner Form abweichen, kann es zur Weiterentwicklung der Art dienen, es kann aber auch zu einem vom „Mainstream" abweichenden Körperaufbau und / oder zu vom „Mainstream" abweichenden Fähigkeiten und abweichendem Verhalten kommen (siehe Darwin 1872).

Depression, als Unfähigkeit, heftige Bedürfnisdefizite zu verarbeiten und zu bewältigen, ist vererbbar. Ist ein Elternteil depressiv erkrankt, besteht bei seinem Kind eine Wahrscheinlichkeit von 10-20% selbst zu erkranken. Sind beide Elternteile betroffen, liegt das Risiko bei 50-60% (aus Möller et al. 1996).
Das dreifach vorhandene Chromosom 21, das im Normalfall nur doppelt im Chromosomensatz vorkommt, bewirkt eine von der „Norm" abweichende Bildung von Geweben und Organen, einhergehend mit einer ausgeprägten geistigen Behinderung. Diese „Normabweichung" ist unter dem Namen Down-Syndrom (früher Mongolismus) bekannt.

Der Drang zur Sexualität, ohne den die Lebenskette schon längst abgebrochen wäre, zeigt sich ganz überwiegend mehrheitlich bei Tieren und Menschen in Heterosexualität, also im Streben nach Sexualkontakten zum jeweils anderen Geschlecht. Es gibt aber auch andere Formen. Von Homosexualität, Masochismus, Fetischismus über Pädophilie bis hin zu sexuellen Praktiken mit Tieren oder gar mit Leichen spannt sich ein breiter Bogen von Verhaltensweisen, die wohl als genetisch bedingt anzusehen sind. Schmerzen signalisieren, dass das System "Mensch" verletzt ist, was im heftigsten Fall zum Tode führt. In unseren Genen sind Schmerzen so stark mit einem mehr oder weniger heftigen Negativgefühl verbunden, dass wir im Normalfall alles daran setzen, ihnen zu entgehen. Bei manchen Menschen sind jedoch Schmerzen - zumindest bis zu einem bestimmten Grad - mit Genuss, oftmals mit sexueller Befriedigung verbunden. Bei ihnen sind die Gene anders programmiert.
Diese Formen der Sexualität sind alle biologisch nicht evident. Sie bringen der Gesellschaft keinen Nutzen. Wozu sollte man sie also staatlich fördern?

2.7 Resümee unserer Thesen aus diesem Kapitel

"Wer an die Freiheit des menschlichen Willens glaubt, hat nie geliebt und nie gehasst." Marie von Ebner-Eschenbach

In uns Menschen existiert ein Naturprogramm als Ziel- und Prozess-System für unser Handeln.
Im Prinzip ist die Funktion unseres Naturprogramms vergleichbar mit der Funktion des Gefälles einer Landschaft für einen Fluss: Der Fluss folgt gerne und ohne Mühe dem Gefälle. Wir folgen unseren Bedürfnissen und Trieben. Sie sind gleichzeitig der bestimmende und der limitierende Faktor des eigenen Handelns.
Wir Menschen selbst existieren wahrscheinlich seit ca 4,5 Millionen Jahren. Aber wir tragen die Grundkonstruktionen als Bausteine des Lebens in uns, so wie sie sich seit 3,5 Milliarden Jahren fortlaufend weiterentwickelt haben. Die Gene bestimmen nicht nur das Verhalten der Pflanzen und Tiere, sie bestimmen auch die grundsätzlichen Verhaltensweisen der Menschen, denn Menschen sind in die Evolution des Lebens nahtlos eingebunden (vergl. Darwin 1872, Dawkins 1989). 75% der Gene des Fadenwurms sind auch in uns Menschen nachweisbar. Die Übereinstimmung mit den Genen der Bonobos beträgt 98,5%!

Jede unserer Aktionen wird immer gleichzeitig von mindestens zwei Trieben bestimmt: dem Zieltrieb, der die Richtung angibt, dem wir im Moment folgen, und immer auch dem Effizienztrieb, der den Prozess bestimmt, mit dem wir auf subjektiv kostengünstigste = selbsteffiziente Art zum Ziel steuern oder der uns bei nicht lohnenden Zielen im Energiesparmodus belässt.

Das Naturprogramm wirkt sehr komplex in uns. Es ist (fast) niemals so, dass nur ein Bedürfnis wirksam ist. Es sind nahezu immer mehrere Bedürfnisse gleichzeitig wirksam.
Die Bedürfnisse wie auch die Heftigkeit, mit der sie nach Befriedigung streben, variieren jedoch permanent. Momentan befriedigte Bedürfnisse treten zurück, andere, unbefriedigte Bedürfnisse kommen dann an die Oberfläche unserer Wahrnehmung.

Das Naturprogramm ist grundsätzlich egoistisch angelegt.
Wir Menschen aktivieren uns grundsätzlich nur zum Zweck der eigenen Nutzenmaximierung. Es erzeugt in uns Bedürfnisse, deren Befriedigung

wir auch auf Kosten anderer anstreben.

Das Streben nach hohem persönlichen Selbstwert, nach persönlicher Wichtigkeit und daraus folgend das Streben nach Kontrolle / Dominanz seiner Umwelt sowie nach selbstbestimmter, schrankenloser Selbstverwirklichung ist grundsätzlich in jedem Menschen angelegt.

Die Realität sehen wir in aller Regel so, wie wir sie selber gerne zum jeweiligen Zweck hätten. Daher bewerten wir auch unser eigenes Handeln grundsätzlich unter anderen Gesichtspunkten als das Handeln anderer! Daraus folgt ein selbsteffizientes, egozentriertes Wertesystem, das sich weder von den Zielen noch von den Prozessen her innerhalb bestimmter ethischer oder moralischer Schranken bewegt, sondern alle möglichen Verhaltensweisen einschließt, die wir für uns selbst als grundsätzlich geeignet zur Befriedigung der eigenen Bedürfnisse und zur Abwehr eigener Bedürfnisdefizite bewerten. Daraus erwächst ein Drang zum selbsteffizienten Verhalten, ungeachtet dessen, ob durch unser Verhalten andere behindert, geschädigt oder sogar getötet werden (vergl. Lorenz 1973, Dawkins 1996). Auch Verhaltensweisen, die wir gemeinhin als Kriminalität werten, sind daher eine natürliche Folge unseres Naturprogramms und werden ewig ein natürlicher Bestandteil im Zusammenleben der Menschen sein.

"Homo homini lupus." Der Mensch ist dem Menschen ein Wolf, erkannte Plautus schon um 200 v. Chr.

Erkennen wir also: Der Mensch ist nicht von Geburt an sozialisiert und damit auch nicht von Geburt an "teamfähig" oder gar "gut". Die Vorstellung, "Gott schuf den Menschen nach seinem Bild und Gleichnis", ist reines, selbstwertdienliches Wunschdenken, das dem Streben nach eigener Wichtigkeit entspricht und daher so gerne geglaubt wird!

Wir lieben den eigenen Erfolg und den Erfolg unserer Stellvertreter, weil er Glücksgefühle in uns auslöst (Csikszentmihalyi 1996 und 1998) und unser Selbstwertgefühl steigert. Was wir jedoch als unseren Erfolg definieren und mit welchen Mitteln wir ihn erreichen wollen, unterliegt unseren individuellen Maßstäben. Dankbarkeit, Rücksichtnahme auf andere und Toleranz sind nicht Teil des Naturprogramms.

Sinkt das Selbstwertgefühl unter ein bestimmtes Niveau, besteht die Gefahr, dass auch der Lebenstrieb zusammenbricht, mit der Folge, freiwillig aus dem Leben zu gehen. Wir haben jedoch Programme, die dem Eintritt dieses Zustandes entgegenwirken.

3 Gefühle - wie sie entstehen und was sie bezwecken

Wie erkennen wir nun, ob unser Zielsystem, unsere Bedürfnisstruktur, von außen positiv oder negativ angesprochen wird? An unseren Gefühlen! Mit Ekman teilen wir die Meinung, dass Gefühle das Resultat evolutionärer Entwicklungsprozesse sind (Ekman 1973). Und sie haben einen Zweck! Dazu ein kleiner Selbsttest! Stellen Sie sich bitte vor, jemand verhält sich Ihnen gegenüber so, wie Sie das unten beschrieben sehen. Erzeugen diese Verhaltensweisen Sympathie (S) oder Antipathie (Ap) für den anderen bei Ihnen? Kreuzen Sie bitte das Entsprechende an.

S	Ap	*Welche Gefühle erzeugen diese Verhaltensweisen bei Ihnen:*
		erzählt pausenlos von sich selbst und seinen Erfahrungen
		widerspricht Ihnen bei jeder Kleinigkeit und korrigiert Sie laufend
		weiß alles besser, will immer bestimmen, was unternommen wird
		wird laut und schreit Sie an, wenn Sie anderer Meinung sind als er / sie
		reagiert gereizt oder gar wütend auf ihr / ihm unliebsame Fragen
		droht Ihnen mit Prügeln
		macht Sie bei anderen schlecht
		benutzt Sie laufend für kleine Dienste: Hol dies, tu das!
		pessimistisch, depressiv, kleinste Herausforderungen werden sofort zum Problem, sodass er /sie ständig von Ihnen Hilfe einfordert
		ist immer sehr ungepflegt und benimmt sich wie ein Schwein
		hält kein Versprechen ein

Meine Vermutung: Sie haben nichts identifiziert, was Ihnen sympathisch ist! Stimmt - oder? Und wenn Sie jetzt überlegen, bevor Sie weiterlesen - was könnte der gemeinsame Nenner der Verhaltensweisen sein, die Ihnen unsympathisch sind?

Richtig! Sie haben erkannt, dass Sie selbst bei keiner dieser Verhaltensweisen so zum Zuge kommen, wie Sie das möchten.

Oder anders herum ausgedrückt: Keiner, der so mit Ihnen umgeht, befriedigt mit den angeführten Verhaltensweisen Ihre Bedürfnisse! Keiner kann Sie mit diesen Verhaltensweisen glücklich machen!

Was schließen wir daraus? Gefühle haben einen evolutionären Sinn! Sie sind die Indikatoren unserer momentanen Bedürfnisstruktur. Sie zeigen uns, in welche Richtung und in welchem Ausmaß unsere Bedürfnisstruktur jetzt beeinflusst wird, wie nah oder weit wir davon entfernt sind, glücklich zu sein, oder wie sehr wir unglücklich sind! Wir erleben diese Gefühle als Erregungszustände (z. B. Schachter & Sänger 1962), die uns zu einem Verhalten drängen wollen; alles ablehnen, was uns unglücklich macht, also ein Bedürfnisdefizit erzeugt, alles annehmen und genießen, was uns glücklich macht, also Bedürfnisbefriedigung erzeugt (vergl. Dawkins 1989, Locke & Latham 1990). Zum Ausmaß des Erregungszustandes: Je stärker die Bedürfnisbefriedigung, umso heftiger erleben wir Glücksgefühle; je stärker die Bedürfnisdefizite, umso unglücklicher sind wir.

Sympathie entwickeln wir nur für Umweltsituationen, die unsere eigenen Bedürfnisse befriedigen! Umweltsituationen, die Defizite in unserer Bedürfnisstruktur aufreißen, sind uns unsympathisch. Die Dinge, die weder das eine noch das andere tun, sind uns weder sympathisch noch unsympathisch. Sie sind uns egal und berühren uns nicht.

Da die Bedürfnisstruktur der Menschen zwar relativ homogen ist, die Mittel zur Bedürfnisbefriedigung jedoch sehr individuell sind, reagieren wir auch sehr individuell. Wir haben ja oben schon gesagt, dass die Dinge neutral sind, wir ihnen aber einen Sinn geben.

Sie sind an einem Samstag in einem Fußballstadion. Alle Menschen im Stadion haben das gleiche Bedürfnis, siegreich zu sein. Die Jungs unten sind nämlich unsere Stellvertreter. Aber nicht alle, sondern nur die Hälfte. Das haben wir für uns so festgelegt. Damit macht das Spiel für uns einen Sinn. Nun fällt ein Tor. Augenblicklich erleben Sie folgendes Phänomen: Obwohl es die gleiche Situation ist, die von allen wahrgenommen wird, fällt die eine Hälfte des Stadions in kollektives Entsetzen, die andere Hälfte in kollektives Entzücken. Wer reagiert wie? Siegreich für uns sein können nur die eigenen Stellvertreter, also die Mannschaft, deren Anhänger wir sind. Die Siege der anderen können in unserer Bedürfnisstruktur nichts Positives auslösen. Die Anhänger der Mannschaft, die das Tor kassiert hat, empfinden daher ein Bedürfnisdefizit; sie sind unglücklich, entsetzt, sie wollten siegen, fühlen sich aber als Verlierer. Die Anhänger der Mannschaft, die das Tor geschossen hat, erleben eine Bedürfnisbefriedigung; sie wollten auch siegen, und sie haben gesiegt. Daher sind sie glücklich und jubeln.

Physiologisch begründete Gefühle

Befassen wir uns etwas näher mit den Gefühlen, können wir zwei Klassen unterscheiden: physiologische und psychologische Gefühle.

Physiologische Gefühle haben einen sehr rationalen Signalcharakter bezüglich des momentan konkreten Zustandes unseres Körpers. Sie sind Indikatoren von Stoffwechselvorgängen und zeigen an, inwieweit Lebenstrieb und Sexualtrieb unbefriedigt oder befriedigt sind.

Als Reaktion machen sie sich so stark bemerkbar, dass ihre Signale, egal, was wir gerade tun, nicht unbemerkt bleiben können. Sie signalisieren dabei so starken Handlungsbedarf, dass sie uns praktisch „zwingen" wollen, durch geeignete "systemerhaltende Maßnahmen" die Ansprüche des Körpers zu befriedigen.

Zustand des Systems	Systemischer Indikator/ Gefühl	Drang / Reaktion = Aktivität
erhöhte Salzkonzentration im Blut	Durst	Trinken suchen
Unterzuckerung im Blut - Energieversorgung ist unzureichend	Hunger	Nahrung suchen
Magen gebläht - Energieversorgung ist ausreichend	Sättigungsgefühl	keine Nahrungsaktivitäten mehr
Übersäuerung der Muskulatur	Müdigkeit / Muskelkater	System schonen, ausruhen, schlafen
das System wird von einem Schaden betroffen	Schmerz	Fluchtreflex oder Schonhaltung des geschädigten Systemteils
hoher Samenvorrat (bei Männern)	sexuelle Erregung	sexuell aktiv werden

Verspüren wir diese Gefühle nicht, ist in unserem Lebenssystem (scheinbar) alles in Ordnung. Wir verspüren keinen Drang zum Handeln.

Psychologisch begründete Gefühle

Die psychologisch begründeten Gefühle / Emotionen sind ebenfalls grundsätzlich rationaler Natur. Sie speisen sich jedoch nicht, wie die physiologischen Bedürfnisse, aus eindeutigen internen Parametern der Körperfunktionen, sondern sie ergeben sich aus der (subjektiv individuellen) Einordnung und Beurteilung der (subjektiv) vermuteten oder bereits eingetretenen Auswirkung eines externen Umweltzustandes auf unsere Bedürfnisstruktur.

Subjektiv vermutete / erlebte Bedürfnisbefriedigung löst positiv empfundene Gefühle aus - Glücksgefühl, Freude und Sympathie -, während ein als Bedürfnisdefizit bewerteter Umweltzustand als negatives Gefühl angezeigt wird. Gleichzeitig wollen auch diese psychologisch begründeten Gefühle reflexartig unser Verhalten steuern (Dawkins 1989), wobei es jedoch unterschiedliche Verhaltensmuster gibt, die davon abhängen, ob in uns ein Gefühl der Dominanz oder der Unterlegenheit erzeugt wird. Der Zusammenhang zwischen Umweltzustand, ausgelöstem Gefühl und Drang zur Aktivität zeigt sich wie folgt:

Gefühl	Ursache = Auswirkung auf die Triebstruktur	Drang / Reaktion = Aktivität = Motivation
Angst	Defizite wichtiger Bedürfnisse werden befürchtet oder sind bereits eingetreten. Je stärker und umfangreicher die Bedrohung empfunden wird, umso größer die Angst!	A) Flucht / Vermeidung des Kontaktes / Unterwerfung, wenn ich schwächer bin. B) Aggression, wenn ich mich in die Enge getrieben sehe.
Ärger bis Wut	Ein unerwarteter Aufwand an Energie, dem kein adäquater Ertrag gegenübersteht, droht oder ist erforderlich, oder eine Bedürfnisbefriedigung wird verweigert.	A) Aggressives Auftreten gegen den Verursacher (Stärke). B) ohnmächtiges Erdulden und Hinnehmen (Schwäche).
beleidigt sein	Das Bedürfnis nach Wichtigkeit und Bedeutung wurde verletzt.	A) Flucht / Vermeidung des Kontaktes / Unterwerfung - wenn ich schwächer bin. B) Aggression - wenn ich mich stark genug sehe.

Gefühl	Ursache = Auswirkung auf die Triebstruktur	Drang / Reaktion = Aktivität = Motivation
Glücks-gefühle, Freude	Sehr wichtige Bedürfnisbefriedigung wird erwartet (Vorfreude) oder ist eingetreten.	Das Glück genießen!
Interesse/ Neugierde	Eine neue Situation, von der angenommen wird, dass sie Auswirkungen auf die eigene Bedürfnisstruktur haben könnte, wird erkundet.	Zuwendung zu einer Situation, um sie aktiv zu prüfen.
Schaden-freude, Gering-schätzung	Das Bedürfnis danach, die eigene Großartigkeit bestätigt zu erhalten, wird durch Fehler anderer befriedigt.	Oft mit über längere Zeiträume anhaltender Spottreaktion für den anderen verbunden.
Neid	Bedürfnisbefriedigung, die mir selbst viel bedeutet, ist bei anderen eingetreten, aber nicht bei mir.	Oft mit Schlechtreden der „Glücklichen" verbunden.
Scham	Bedürfnisdefizit nach Verstoß gegen eigene Werte.	Wiedergutmachung.
Ent-täuschung, -Schmerz	Ansteigend - es wird erkannt, dass eine Situation als Möglichkeit zur Befriedigung meiner Bedürfnisse nicht dient.	A) Prüfung einstellen, abwenden (Schwäche). B) Aggressives Einfordern der Situation (Stärke).
Gefühl, unglücklich zu sein, Kummer, Sorge	Wichtige Bedürfnisdefizite bestehen oder werden erwartet, ohne dass Reaktionsmuster zur Behebung der Situation vorhanden sind.	Ratlosigkeit, kein Ausweg in Sicht; anhaltendes Bedürfnisdefizit.
Ekel	Ästhetische oder ethisch-moralische Bedürfnisdefizite werden befürchtet oder sind eingetreten.	A) Flucht / Vermeidung des Kontaktes. B) Aggression.

Stimmungen entstehen aus dem Nachwirken von Gefühlen.

Zufriedenheit und Unzufriedenheit
Nach Herzberg sind Unzufriedenheit und Zufriedenheit zwei unabhängige Gefühle (Herzberg et al. 1959), von denen wir annehmen, dass sie getrennt werden von einem weder-noch-Zustand für (Routine-) Tätigkeiten, die als nennenswerte Quelle der Trieb- oder Bedürfnisbefriedigung nicht mehr wahrnehmbar sind. Oder sind Sie etwa zufrieden über Ihre Leistung, einen Löffel Suppe fehlerfrei, also ohne etwas zu verschütten, an Ihre Lippen zu führen? Sicher nicht. Aber wehe, wenn Sie etwas auf Ihr Kleid / Ihre Hose tropfen lassen! Da kann man sich über sich selber ärgern oder sich schämen. Und das sind Formen von Unzufriedenheit.

Nun wissen Sie auch, weshalb ein Mitarbeiter, der eine Routinearbeit richtig ausführt, keine Anerkennung erhält. Seine Leistung wird von seinem Vorgesetzten als selbstverständlich erwartet und löst daher keine Zufriedenheit bei ihm aus, da sie nicht als nennenswerte Quelle seiner Bedürfnisbefriedigung wahrgenommen wird. Aber wehe, die Leistung stimmt nicht! Das löst bei manchen Vorgesetzten Unzufriedenheit aus mit oft heftigen Folgen für den Mitarbeiter.

Die besondere Bedeutung der Erwartungen
Wir Menschen schätzen jede Tätigkeit, die wir erledigen, bezüglich ihres Schwierigkeitsgrades und ihrer Auswirkungen auf unsere Bedürfnisstruktur ein. Bei geringem Schwierigkeitsgrad, eben z. B. die Suppe ohne eigene Beschmutzung löffeln, von dem wir selber annehmen, dass er sehr gering und daher leicht zu bewältigen ist, und von dem wir daher erwarten, dass trotz vielleicht hohem Energieaufwand alles ganz selbstverständlich funktioniert, bauen wir eine Null-Fehler-Erwartungshaltung für diese Tätigkeit auf. Energieeinsatz wird als lohnende Investition bewertet. Gelingt sie auch gemäß den Erwartungen, stellt sich keine besondere Zufriedenheit über die gelungene Tat ein. Es läuft halt wie erwartet. Jede Tätigkeit, die jedoch nicht gelingt und daher zu zusätzlichem Energieeinsatz (Zeit, Material körperliche Aktivität) zwingt, der nicht erwartet worden ist, wird vom Effizienztrieb als überflüssige Energieverschwendung identifiziert, was unweigerlich ein Bedürfnisdefizit auslöst, das über den Indikator Unzufriedenheit angezeigt wird. Je größer die Energieverschwendung empfunden wird, umso stärker ist das Gefühl der Unzufriedenheit. Bei höheren Schwierigkeitsgraden hegen wir Erwartungen an unsere Leistungsfähigkeit. Treffen diese Erwartungen ein, sind wir zufrieden. Treffen sie nicht ein, sind wir mit uns unzufrieden.

Aber wir erwarten auch Leistungen und Verhaltensweisen von anderen Menschen. Man kann etwa folgende Erwartungshaltung aufbauen:
Alles um mich herum hat perfekt zu laufen, die Menschen haben sich perfekt zu benehmen, Schwierigkeiten in der Arbeit darf es nicht geben. Was folgt daraus? Diese Einstellung ist die Basis für ewigen Stress! Denn je höher die Erwartungen sind, die Sie hegen, umso eher werden sie nicht erfüllt. Dieses "Nichterfüllen" reißt ein Bedürfnisdefizit auf, was durch schlechte Gefühle angezeigt wird.

Aber es geht auch anders. "Bei allem, was dir Freude macht, was dir nützlich ist oder was du gern hast, denke daran, dir immer wieder zu sagen, was es eigentlich ist. Fang bei den unbedeutendsten Dingen an. Wenn du zum Beispiel an einem Topf hängst, dann sage dir: «Es ist ein einfacher Topf, an dem ich hänge.» Dann wirst du dich nämlich nicht aufregen, wenn er zerbricht." (Epiktet Encheiridion (3))

Erwartungen und ihr Einfluss auf Zufriedenheit und Unzufriedenheit

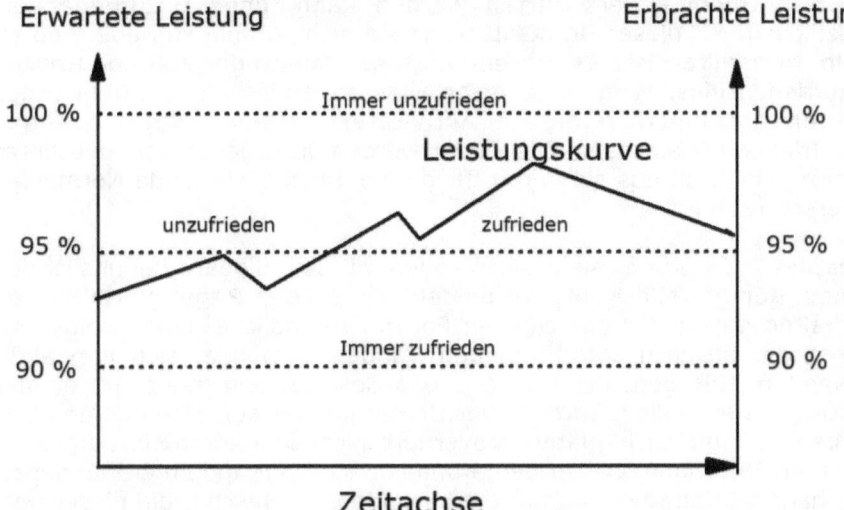

Fazit: Menschen sind fehlbar! Die sicherste Methode, von sich und anderen Menschen enttäuscht zu werden und dadurch Unzufriedenheit zu fühlen, besteht daher darin, bezüglich der eigenen Leistungen und des eigenen Verhaltens oder der Leistungen und des Verhaltens anderer hohe Erwartungen aufzubauen. Wenn ein Mensch ständig sehr hohe Erwartungen an sich oder an andere Menschen hegt, ist die Wahrscheinlichkeit sehr hoch, dass er häufig oder gar dauerhaft unzufrieden und unglücklich ist. Wir haben es zu großen Graden daher selbst in der Hand, durch realistische Erwartungen an uns selbst und an andere eigene Unzufriedenheit, eigenes Unglücklichsein zu vermeiden.

Das Besondere an den Erwartungen ist, dass sie von außen anerzogen werden können. Wir gewöhnen uns gerne an bestimmte Verhaltensweisen anderer. Wird dieses einmal gewohnte Verhalten unterschritten, werden wir unzufrieden, denn unser Streben ist auf "Besitzstandswahrung" ausgerichtet. Ein einmal gewohnter Komfort kann nicht mehr unterschritten werden, ohne ein Bedürfnisdefizit auszulösen.

Beispiel 1: Welche Erwartungen wecken Eltern in ihren Kinder wenn diese von allen Arbeiten im Haus freigehalten werden?
Sie wecken die Erwartung, dass Arbeit im Haus alleinige Sache der Eltern ist! Diese Erwartung wird schnell als Norm des Verhaltens übernommen, die nicht mehr unterschritten werden kann, ohne Unzufriedenheit auszulösen. Mit dieser Normalität sind sie nicht einmal zufrieden, da es eben Normalität ist. Es ist ein Zustand des weder-zufrieden-noch-unzufriedenseins. Wird nicht mehr alles so erfüllt wie gewohnt, oder werden gar plötzlich eigene Aktivitäten verlangt, kann das nur Unzufriedenheit auslösen. Die Kinder werden unzufrieden sein mit ihrem harten Schicksal, das sie nun trifft, da die ihnen zustehende Normalität unterschritten ist!

Beispiel 2: Ein Kunde sieht einen Laden mit dem Slogan „Bei uns ist der Kunde König". Mit König verbinden wir in der Regel vorbildliches Verhalten gegenüber der eigenen Person, freundliche, aufgeschlossene Menschen, die sich sofort um den Kunden bemühen, sich ihm aktiv zuwenden. Nun geht der Kunde in das Geschäft und muss erst einmal warten, bis er bedient wird. Erster Unmut kommt auf. Dann kommt der Verkäufer. Er gibt sich relativ introvertiert, nicht sehr kontaktfreudig, aber er ist ein Fachmann, was er dem Kunden auch zeigt, indem er ihm genau und haarklein beweist, warum die besonderen Wünsche, die dieser hat, nicht ausgeführt werden können. Geht man so mit Königen um?
Die hohen Erwartungen, die sich durch den Slogan gebildet hatten, können auch nicht annähernd befriedigt werden. Große Unzufriedenheit ist die Folge. Si tacuisses! (Wenn du geschwiegen hättest!)

Glücklich sein oder unglücklich sein
Ob und in welchem Ausmaß ein Mensch Glück empfindet, sich glücklich und zufrieden fühlt, oder Unglück empfindet, sich unzufrieden und unglücklich fühlt, ergibt sich aus dem Saldo seiner momentan subjektiv empfundenen Defizite und Befriedigungen seiner Bedürfnisstruktur (ähnlich z. B. Fishbein & Ajzen 1975, Atkinson & Heritage, 1984).
Denn bezüglich unserer Bedürfnisstruktur sind in jedem Moment unseres Lebens (fast) immer gleichzeitig befriedigte und unbefriedigte oder gar defizitäre Bedürfnisse vorhanden. Damit sind auch positive Gefühle der Zufriedenheit und negative Gefühle der Unzufriedenheit mit jeweils einzelnen Umweltzuständen (fast) immer parallel vorhanden.
Dabei kann es sein, dass einzelne Umweltsituationen punktuell sehr dominierend wirken, sodass alle anderen Umweltzustände bis zur Bedeutungslosigkeit versinken.

Beispiel: Ein Mann hat eine Gartenmauer gemauert und den Weg im Garten gepflastert. Es kann dann sein, dass er sehr zufrieden ist mit der Mauer, die ihm gut gelungen ist. Mit seiner Gesamtleistung ist er zufrieden. Gleichzeitig existiert in seinem Hinterkopf die Sorge um seine demente Mutter. Er fühlt sich schuldig, wenn er sie in ein Pflegeheim gibt, sein Verstand sagt ihm aber, dass keine Möglichkeiten mehr bestehen, sie zuhause zu pflegen. Alles das läuft parallel in ihm ab. Insgesamt fühlt er sich als Soldo von erlebter Bedürfnisbefriedigung und erlebtem Bedürfnisdefizit unglücklich.

Allgemein gilt:
Der Saldo aus punktuellen Zuständen, die unsere Bedürfnisse befriedigen und mit denen wir zufrieden sind, und den punktuellen Zuständen, die unsere Bedürfnisse nicht befriedigen und mit denen wir daher nicht zufrieden sind, ergibt ein nachhaltiges Gesamtgefühl der Zufriedenheit oder Unzufriedenheit über unsere momentane Lebenssituation.
$\sum$ **Bedürfnisbefriedigung** > $\sum$ **Bedürfnisdefizite**
Zufriedenheit steigt in Richtung "glücklich sein" mit wachsender Stärke der resultierenden Bedürfnisbefriedigung
$\sum$ **Bedürfnisbefriedigung** = $\sum$ **Bedürfnisdefizite**
ein weder-noch- Zustand herrscht vor, man fühlt sich nicht gerade unzufrieden, ist aber auch nicht zufrieden
$\sum$ **Bedürfnisbefriedigung** < $\sum$ **Bedürfnisdefizite**
Unzufriedenheit steigt in Richtung "unglücklich sein" mit wachsender Stärke des resultierenden Bedürfnisdefizits

4 Motivation - was ist das?
Aktive Motivation

Um Glück zu gewinnen und Unglück zu vermeiden, müssen wir Menschen hin zu den Quellen des Glücks und weg von den Quellen des Unglücks.
"To be motivated means to be moved to do something. A person who feels no impetus or inspiration to act is thus characterized as unmotivated, wheras someone who is energized or activated toward an end is considering motivated."(Ryan & Deci 2000, S. 54)

Grundsatzfrage: Gibt es wirklich unmotivierte Menschen?
Was ist, wenn Ihr Schreibtisch überquillt, Sie aber keine Lust zum Aufräumen haben? Sind Sie also, wenn Sie den Schreibtisch nicht aufräumen wollen, wirklich "unmotiviert"? Nein, Sie sind mehr oder weniger hoch motiviert, nicht aufzuräumen, also "energized toward an end", jetzt nichts zu tun. Ihr momentanes Bedürfnis nach Ruhe steht im Vordergrund, und genau das wird befriedigt.

Es gibt keine unmotivierten Menschen! Menschen verhalten sich zu jedem Zeitpunkt bewusst, meist jedoch unbewusst zielorientiert (siehe auch Freud 1992, Roth 2001) und damit motiviert, sich genau so zu verhalten, wie sie sich verhalten!

Motivation ist nicht Selbstzweck, sondern wirkt zweckgebunden in uns Menschen, denn Motivation will etwas erreichen.
Motivation ist das ununterbrochen wirkende Streben in uns Menschen, prinzipiell ohne Rücksicht auf andere zu jedem Zeitpunkt die eigene Bedürfnisstruktur in befriedigtem Zustand zu halten, also selbst immer in völliger Übereinstimmung mit der gerade herrschenden Trieb- und Bedürfnisstruktur leben zu wollen, als Voraussetzung dafür, um glücklich zu sein oder zumindest Unglücklichsein zu vermeiden.

Dies gelingt, indem wir uns ständig mögliche Bedürfnisbefriedigungen sichern und drohende Bedürfnisdefizite vermeiden oder abwehren.
Wenn alle Bedürfnisse gleichzeitig erwartungsgemäß befriedigt sind, also kein Bedürfnisdefizit vorliegt, dann sind wir zufrieden. Wenn besonders wichtige Bedürfnisse befriedigt sind oder insgesamt Bedürfnisse mehr befriedigt sind, als wir eigentlich erwartet haben, dann sind wir glücklich.
Das kann mal mehr, mal weniger dauerhaft gelingen.

Deci und Ryan beschreiben eine intrinsische und eine extrinsische Motivation (vergl. Deci 1975, Deci & Ryan 1985, Ryan, & Deci 2000).
Die Attributionstheorie besagt jedoch, dass die Dinge und Ereignisse selbst neutral sind. Wir ordnen ihnen jedoch Ursache-Wirkungs-Beziehungen und Bedeutungen zu (vergl. Epiktet, Kelley 1978, Weiner 1974).
Den Dingen wie auch bestimmten Situationen müssen also, um Handlungsantriebe auszulösen, bestimmte Fähigkeiten als Mittel der Bedürfnisbefriedigung oder als Mittel ein Bedürfnisdefizit abzuwenden, beigemessen werden. Das haben wir oben schon gesagt, als wir vom abnehmendem Grenznutzen der Dinge gesprochen haben. Nur wenn ein jetzt als nutzentauglich bewertetes Ding oder eine nutzentaugliche Situation auf eine bestimmte interne Bedürfnisstruktur trifft, kann dies als extrinsischer Auslöser einer Aktion für jemand dienen, der seine Bedürfnisse befriedigen oder ein Bedürfnisdefizit abwenden will.

Beispiel: Es soll in einer Werkstatt ein Werkstück angefertigt werden.
- Ein Arbeiter strengt sich an, da es ihm einfach Freude bereitet, dass er aus ein paar Stücken Metall etwas zaubern kann.
- Ein Arbeiter hat keine Lust, sich die Hände schmutzig zu machen, und weigert sich.
- Ein Arbeiter hat keine Lust, sich die Hände schmutzig zu machen, und weist einen Auszubildenden an, die Arbeit für ihn zu erledigen.
- Ein Arbeiter strengt sich an, da ihn die Prämie reizt.
- Ein Arbeiter weigert sich, da ihm die Prämie zu niedrig ist.
- Ein Arbeiter traut sich die Arbeit nicht zu. Dennoch strengt er sich an aus Angst vor eigenem Versagen und aus Angst vor der Reaktion des Meisters auf dieses Versagen.
- Ein Arbeiter traut sich die Arbeit nicht zu. Er meldet sich krank, weil er sich vor den anderen nicht blamieren will.
- Ein Arbeiter traut sich die Arbeit nicht zu. Aus Angst sich zu blamieren, bittet er jemand, die Arbeit für ihn zu erledigen.

Die gleiche Situation und acht verschiedene mögliche Reaktionen!
Wir sehen, dass die Dinge individuell völlig unterschiedlich als Mittel der Bedürfnisbefriedigung bewertet werden können. Daher lässt den einen eine Sache völlig kalt, die dem andern als sehr erstrebenswert erscheint, und ein Dritter arbeitet gegen die Situation an, da er das mit ihr verbundene Bedürfnisdefizit meiden will. Aus genau diesem Zusammenhang resultiert die Produktvielfalt in unseren Kaufhäusern.

Alle Menschen kaufen etwas, aber nicht jeder das Gleiche und schon gar nicht aus dem gleichen Grund. Was dem einen taugt, wird er kaufen. Dem andern taugt es nicht, also wird er es nicht kaufen. Weshalb etwas einem taugt, dem anderen aber nicht, lässt sich jedoch nicht vorhersagen. Deshalb wird in der Betriebswirtschaftslehre und im Marketing die Konstruktion der Blackbox (schwarzer Kasten) verwendet. In ihr bleibt verborgen, weshalb etwas geschieht. Wichtig ist auch zu erkennen, dass viele Dinge wegen ihres abnehmenden Grenznutzens mit zunehmendem Ge- oder Verbrauch ihren Reiz verlieren. Dann taugen sie nicht mehr zur Befriedigung der Bedürfnisse. Was jetzt nutzt, kann schon wenig später nicht mehr nutzen.

Das zeigt zum einen, dass unsere Motivation nicht gleich ist, sondern sich mit dem Stand der jeweils erreichten Bedürfnisbefriedigung ändert. Wenn Bedürfnisse unbefriedigt sind, ist die Motivation groß, sie mit als geeignet bewerteten Mitteln zu befriedigen. Sind die Bedürfnisse befriedigt, existiert jedoch keinerlei Motivation mehr. Die gleichen Mittel sind nun zu nichts mehr nutze - bis zum nächsten Mal, wenn sich das Bedürfnis quasi wieder meldet, um befriedigt zu werden.

Weiterhin ist es so, dass unsere Bedürfnislage in manchen Bereichen ständig wechselt, sehr gut zu sehen bezüglich Nahrungsaufnahme und Kleidung - was esse ich heute, wie kleide ich mich heute -, in anderen Bereichen jedoch relativ stabil ist. Das sind vor allem Bereiche, in denen wir langfristig wirksame Ziele verfolgen, als Mittel zum Zweck nachhaltiger Bedürfnisbefriedigung bei der Zielerreichung.

Hier ist die Motivation bei vielen Menschen stabil, bis das Ziel erreicht ist. Danach sucht man sich neue Ziele. Bei manchen Menschen gibt es jedoch auch im Zielbereich keine langfristig wirksame Motivation. Sie verfolgen dann entweder kaum Ziele oder wechseln ständig ihre Ziele, ohne je an ein Ziel zu kommen.

***Aktive Motivation* bedeutet, durch Erbringen von eigenem Energieaufwand selbst zu handeln, um Zustände hervorzubringen, von denen wir subjektiv erwarten, dass sie der Befriedigung der eigenen Triebe und Bedürfnisse dient oder um aktiv Zustände zu vermeiden oder abzuwehren, von denen wir subjektiv erwarten, dass sie Defizite in unserer Trieb- und Bedürfnisstruktur erzeugen.**

Passive Motivation

Wir haben ja oben schon das Wesen unserer Erwartungen beschrieben. **Passive Motivation bedeutet, eine Befriedigung der eigenen Triebe und Bedürfnisse von anderen Menschen als uns quasi zustehend zu erwarten, ohne dass wir dazu selbst eigene Energie investieren.** Es geht dabei um Bedürfnisse, die wir nicht selbst befriedigen können. Das sind die Bedürfnisse aus dem Geltungstrieb, die Bedürfnisse nach Anerkennung, Achtung, Respekt und Liebe, aber auch das Bedürfnis nach Sex. Herzberg beschreibt als Hygienefaktoren (vergl. Herzberg et. al. 1959) Umstände, die der Befriedigung dieser passiven Motivation dienen. Wir beziehen uns jedoch ausdrücklich nicht nur auf die Motivation zur Arbeit.

Überlegen Sie doch bitte einmal, was Sie erwarten oder wünschen, wie Menschen mit Ihnen umgehen oder nicht umgehen sollen. Beantworten Sie dazu bitte die unten aufgeführten Fragen.
Achten Sie bitte genau auf die Fragestellung!

	Ich wünsche mir von anderen Menschen ...	ja	nein
1	dass sie mich achten und respektieren		
2	dass sie meine Leistungen anerkennen		
3	dass sie mich anschreien, wenn mir etwas nicht gut gelungen ist		
4	dass sie mich alleine lassen, wenn ich Hilfe benötige		
5	dass sie mir gegenüber unaufrichtig und unehrlich sind		
6	dass sie mit mir in freundlicher Art reden		
7	dass sie mir gegenüber unberechenbar und launenhaft auftreten		
8	dass sie mich aufbauen, wenn ich niedergeschlagen bin		
9	dass Gespräche mit Ihnen angenehm verlaufen		
10	dass sie mich verraten und hintergehen		
11	dass sie mich gut leiden können		

Wie Sie selbst festgestellt haben, erwarten Sie hochmotiviert bestimmte Verhaltensweisen von anderen Menschen als Ihnen zustehend, ohne dass Sie grundsätzlich selbst dafür etwas tun wollen oder müssen.

Den Aussagen 1,2,6,8,9,11 werden Sie zugestimmt haben, den anderen nicht. Und wie Sie glauben alle Menschen Anspruch darauf zu haben, dass sich andere Menschen gegenüber Ihnen in einer ganz bestimmten Art und Weise zu verhalten hätten. Diese Erwartungen ergeben sich bei jedem Menschen aus dem Zusammenspiel von Geltungstrieb und Effizienztrieb.
Was geschieht nun, wenn diese Erwartungen erfüllt werden?
Sie werden nicht unzufrieden, vielleicht sogar zufrieden sein.

Was geschieht aber, wenn Ihre Erwartungen nicht erfüllt werden?
Dann werden Sie unzufrieden sein mit all denen, die Ihren Erwartungen nicht entsprechen. Und es werden in Ihnen vielleicht Verhaltensweisen ausgelöst, mit deren Hilfe Sie entweder Rache nehmen, an denen, die Ihnen die Bedürfnisbefriedigung verweigern, oder mit deren Hilfe Sie dennoch Bedürfnisbefriedigung erreichen.

Umgekehrt erwarten Sie, dass manche Verhaltensweisen Ihnen gegenüber *nicht angewandt* werden.
Was geschieht, wenn diese Erwartungen erfüllt werden? Sie werden sich als gerecht behandelt fühlen und nicht unzufrieden sein.

Was geschieht aber, wenn Ihre Erwartungen nicht erfüllt werden, wenn sie erwarten, nicht angeschrien zu werden, und jemand es doch tut? Dann werden Sie nicht zufrieden, sondern mehr oder weniger unzufrieden sein mit denen, die Ihren Erwartungen nicht entsprechen. Und es werden in Ihnen vielleicht Verhaltensweisen ausgelöst, mit deren Hilfe Sie entweder Rache nehmen an denen, die Ihnen die Bedürfnisdefizite verschafft haben, oder mit deren Hilfe Sie dennoch Bedürfnisbefriedigung erreichen.

Diesem Naturgesetz kann im übrigen kein Vorgesetzter und keine Führungskraft entkommen.
Mitarbeiter haben Erwartungen als passive Motivation an das Verhalten der Vorgesetzten als ihnen zustehend! Wenn ein Vorgesetzter diese passive Motivation nicht befriedigt, werden die Mitarbeiter mit ihm persönlich unzufrieden sein.

Die gleichen Erwartungen haben Vorgesetzte an ihre Mitarbeiter. Und wenn diese nicht befriedigt werden, wird oft die Macht als Vorgesetzter benutzt, um die eigenen Erwartungen durchzusetzen.

Die Arten der Motivation
Unsere Motivation hat zwar mit unserer Bedürfnisstruktur eine einheitliche Basis. Da jedoch in aller Regel gleichzeitig mehrere Bedürfnisse nach Befriedigung streben, basiert unsere Motivation in aller Regel nicht auf einer homogenen Strebung. Motivation ist multifaktoriell induziert.
Drei Arten oder auch Quellen der Motivation, mit deren Hilfe sich unsere Bedürfnisse bemerkbar machen, sind unterscheidbar.

- **Primäre Motivation - lustinduzierte Motivation**

Verhaltenswirksam ist die Aussicht auf Lustgewinn oder auf das Gefühl, glücklich zu sein (Jevons 1924, Csikszentmihalyi 1998). Der Lustgewinn und damit die Bedürfnisbefriedigung liegt in dem Tun an sich. Daher tut man das, was man tut, gerne. Die Bedürfnisbefriedigung kann lange anhalten, bis man z. B. durch die lustbereitende Tätigkeit müde geworden ist.
Primäre Motivation ist die erste, die natürlichste und stärkste Art der Motivation. Bereits der Säugling verspürt Lust und Unlust. Kinder orientieren sich ganz überwiegend an Lust und Unlust. Das Internet ist voll mit Yolo-Ermunterungen (You only live once). Genieße heute, und denke später an die Folgen, wenn überhaupt.

Lust kann man aus sehr vielen Tätigkeiten heraus erfahren. Sex bereitet Lustgewinn, gutes Essen verschafft Lustgewinn, einen schönen Sonnenaufgang zu erleben kann Lustgewinn bedeuten, Arbeit kann Lustgewinn mit sich bringen, einen Abend zu verbringen mit Musik, Tanz und guter Unterhaltung kann einen hohen Lustgewinn bedeuten.
Wir können Lustgewinn aber auch aus für andere destruktiven Tätigkeiten erfahren. Sicher kennen Sie Menschen in Ihrem näheren Umkreis, denen es einfach Spaß macht, andere Menschen zu foppen, zu verarschen, auf den Arm zu nehmen. Das kann sich dann zu Mobbing aus Lust steigern. Schließlich sind auch Vandalismus, Tier- oder Menschenquälereien für manche Menschen Tätigkeiten, auf die sie Lust verspüren.
Weiterhin kann das Streben nach Lustgewinn durch ein bestimmtes Tun so stark werden, dass es in Sucht entartet. Von Rauschgiftsucht über Spielsucht bis hin zur Sexsucht sind viele Süchte bekannt, die auf lange Sicht dem Süchtigen schaden oder ihn, wie bei Rauschgift-, Alkohol- und Nikotinsucht nachgewiesen, sogar töten können.
Aus primärer Motivation resultiert allerdings auch ein Streben danach, alle Tätigkeiten sein zu lassen, auf die man einfach keine Lust hat, da sie keine Bedürfnisbefriedigung auslösen (siehe Jevons 1924).

- **Sekundäre Motivation - zielinduzierte Motivation**

Motivation für die Aktivität ist hier, dass man durch das, was man tut, Ziele erreicht, die dann eine Bedürfnisbefriedigung auslösen (vergl. Bandura 1986, Locke & Latham 1990).

Dazu muss die Tätigkeit nicht gerne getan werden. Wenn jemand das Ziel hat, ein Studium zu absolvieren, muss er nicht notwendigerweise Lustgewinn aus dem Lernen an sich verspüren. Es reicht, sich vom Kopf her klarzumachen, dass es zum Erreichen des Ziels notwendig ist, zu lernen, auch wenn das oft mühsam ist. Lernen ist jedoch die Voraussetzung, ohne die die Bedürfnisbefriedigung, die mit erfolgreichem Bestehen der Prüfungen erlebt wird, nicht eintreten wird.

Das Anstreben von Zielen prägt das menschliche Leben sehr. Man hat zum Ziel, einen guten Schulabschluss zu machen, einen guten Beruf zu lernen, einen sicheren Arbeitsplatz mit gutem Verdienst und Aufstiegschancen zu haben.
Man kann aber auch zum Ziel haben, sich ein feines Leben mit Lug und Betrug aufzubauen, Konkurrenten mit allen erdenklichen Mitteln aus dem Weg zu räumen.

Und man kann sich zum Ziel setzen, andere für sich arbeiten und für sich sorgen zu lassen. Bedürfnisbefriedigung aus sekundärer Motivation ist nämlich grundsätzlich delegierbar. Unsere sekundäre Motivation schreit geradezu danach, andere Menschen so zu instrumentalisieren, dass Bedürfnisbefriedigung für uns selber dabei herausspringt.
"Kannst du mir mal helfen?", "Kannst du mir das mitbringen?" Überlegen Sie doch bitte mal, wie oft Sie diese Fragen hören oder selber stellen. Wenn wir andere dazu aktivieren, für uns tätig zu sein, sparen wir Energie und die Bedürfnisbefriedigung aus der Zielerreichung kommt uns selber zugute. Das ist durchaus sinnvoll, wenn sich Geben und Nehmen im Gleichgewicht halten. Dann kann man von sinnvoller Arbeitsteilung reden. Es liegt jedoch durchaus im Interesse vieler Menschen, andere Menschen quasi zum eigenen Nutzen auszubeuten. Bei der Beschreibung des Wirkens des Effizienztriebes hatten wir Beispiele aufgeführt.

Die Motivation für eine Tätigkeit kann aber auch darin bestehen, alles, was eigenen Zielen entgegensteht oder was einem als Ziel aufgezwungen werden soll, abzuwehren!

•Tertiäre Motivation - angstinduzierte Motivation

Dienen primäre und sekundäre Motivation in erster Linie der Sicherung von Bedürfnisbefriedigung, so dient die tertiäre Motivation ausschließlich der Verringerung oder der Abwehr von Bedürfnisdefiziten. Motivator ist die Angst. Angst bewirkt zunächst ein konformes Verhalten in der Hoffnung, ein drohendes oder eingetretenes Bedürfnisdefizit nicht noch größer werden zu lassen (vergl. Bandura 1986). Es spielt dabei keine Rolle, ob Angst begründet ist oder nicht. Phobien, also unbegründete Ängste, wie sie z.B. vor Spinnen oder vor Mäusen empfunden werden können, sind hochwirksam.

Angst ist die hauptsächliche Motivation der Schwachen. Aber Angst ist motivational extrem wirksam. Ohne Angst wäre der autoritäre Führungsstil wirkungslos. So aber ist er weltweit die erfolgreichste und am häufigsten angewandte Art des Einwirkens auf andere Menschen. Ohne Angst vor den Folgen, die Menschen in ihrer Reichweite verspüren, wären die Mafia, die Cosa Nostra und ähnliche Organisationen schon längst ausgelöscht. Doch die Mauern des Schweigens aus Angst sind seit Jahrhunderten stabil.

Schließlich kann jedoch ein Punkt kommen, an dem der Zustand unerträglich geworden ist. Nun wehrt man sich aktiv und bekämpft die Quellen der Angst, um so das Bedürfnisdefizit abzustellen.

Die Angst vor der Schädlichkeit von Gentechnik, konventioneller Landwirtschaft oder von Castortransporten ist objektiv unbegründet, subjektiv aber bei den Betroffenen heftig wirksam. Daher gehen viele auf die Straße, um darauf hinzuarbeiten, dass die Quellen ihrer Phobien abgestellt werden. Oder sie meiden aus Angst den Genuss bestimmter Agrarprodukte, vermeiden den Kontakt zu konventioneller Medizin und suchen nach Alternativen, um, wie sie meinen, sicher leben zu können. Die Biowelle in Deutschland ist ohne die Phobien gegenüber konventioneller Landwirtschaft nicht denkbar.

Auch die Abwehr von Bedürfnisdefiziten ist, wie zur sekundären Motivation beschrieben, grundsätzlich delegierbar. Wenn man selbst zu schwach ist, kann man versuchen, andere Menschen dazu zu bewegen, einen zu schützen, damit man selbst nicht in Angst und Schrecken leben muss. Damit andere Menschen sie schützen, zahlten daher schon im Mittelalter die einfachen Bauern den Zehnten an ihre Ritter. Diese sollten die Bauern als Gegenleistung vor Plünderungen und sonstigen Unbillen schützen.

Das Dilemma unserer Bedürfnisstruktur

Da unsere Motivation also aus verschiedenen Quellen gespeist wird, die unterschiedlich stark wirksam sind, sind interne Konflikte vorprogrammiert. Es ist sogar sehr häufig so, dass eine Situation sowohl Vorteile als auch Nachteile mit sich bringt, also aus ihr sowohl Bedürfnisbefriedigung als auch Bedürfnisdefizite jetzt erwachsen können. Oder es kann sein, das ein Bedürfnisdefizit jetzt eintritt, dafür aber später eine Bedürfnisbefriedigung entsteht oder umgekehrt.

Da wir grundsätzlich auf unmittelbare Befriedigung der Strebungen aus unserer Bedürfnisstruktur programmiert sind, führt das zu unklaren Motivationssituationen.

Kennen Sie das von sich selbst, dass Sie Tätigkeiten, auf die Sie keine Lust haben, lieber aufschieben, als sie sofort zu erledigen?

Trösten Sie sich, denn das ist immer dann normal, wenn wir Tätigkeiten erledigen müssen, um ein mehr oder weniger wichtiges Ziel zu erreichen, die Tätigkeit jedoch, die Voraussetzung für das Erreichen das Ziels ist, nicht gerne tun. Dann stecken wir in einem Dilemma. Wir erleben nämlich jetzt sofort eine negative primäre Motivation in Form von Unlust auf die Tätigkeit an sich. Die Bedürfnisbefriedigung aus der sekundären Motivation tritt allerdings erst nach Erreichung des Ziels ein und kann daher jetzt das momentane Bedürfnisdefizit nicht ausgleichen.

Beispiel: Sie haben durchgehend das Ziel (sekundäre Motivation), in einer Wohnung zu leben, die sauber und aufgeräumt ist, da Sie sich nur in einer ordentlich aufgeräumten Wohnung wohlfühlen (positive primäre Motivation). Sie haben aber keine große Lust auf Aufräumen, Staubsaugen und Staubwischen (negativ gerichtete primäre Motivation) und fühlen sich von diesen Tätigkeiten genervt. Was läuft nun ab?

Aus der negativ gerichteten primären Motivation tritt schon sofort bei der Vorstellung, jetzt aufräumen zu müssen, ein Bedürfnisdefizit in Form eines Unlustgefühls ein. Die Bedürfnisbefriedigung aus dem Ziel "aufgeräumte Wohnung", also aus sekundärer Motivation, ist jetzt noch nicht wirksam. Sie kann ja erst eintreten, wenn die Wohnung wirklich aufgeräumt ist. Aus diesem momentanen Ungleichgewicht der Bedürfnisstruktur entsteht ein Dilemma, da wir ja jetzt in Einklang mit unserer Bedürfnisstruktur leben wollen, nicht erst später. Nun ist nur die negative primäre Motivation wirksam, die uns drängt, zur Vermeidung des Unlustgefühls durch Aufräumen auf das Aufräumen zu verzichten. Es braucht daher einen starken Willen, um sich quasi gegen sein Naturprogramm zu stellen um trotz Widerwillen aktiv zu werden und jetzt die Wohnung zu putzen.

Man kann aber auch dem Naturprogramm nachgeben und weiter in der Unordnung leben. Und das kann auch eine Weile funktionieren. Aber irgendwann kommt der Punkt, an dem man seine Wohnung eher als Müllhalde empfindet, in der der Aufenthalt jetzt noch größere Unlust verursacht, als es das Aufräumen tun würde. Dann erst wird aufgeräumt, da das Aufräumen nun alternativlos das kleinere Übel gegenüber dem Leben in einer dreckigen Wohnung darstellt.

Um ständig in einer aufgeräumten Wohnung zu leben, muss man sich bei einer solchen Motivationsstruktur dazu zwingen, entgegen den Bestrebungen unseres Naturprogramms die Wohnung permanent aufzuräumen, um dem eben geschilderten Dilemma zu entgehen.

Man kann dem Dilemma auch ausweichen, indem man nach einem Stellvertreter sucht, der für uns die Dinge erledigt, aus denen wir zwar den Nutzen haben, die wir aber nicht gerne tun.

Suggerierte Bedürfnisbefriedigung gegen Bedürfnisdefizite
Dies kann gelingen, wenn Sie Ihr Naturprogramm ein wenig überlisten, indem Sie in Gedanken den noch zu erzielenden Erfolg aus der ungeliebten Tätigkeit vorwegnehmen. Dazu müssen Sie sich konkret vorstellen, wie schön die saubere Wohnung aussieht, wie Sie stolz auf die getane Arbeit sind und ihre saubere, gepflegte Wohnung genießen.

Diese selbst suggerierte Bedürfnisbefriedigung kann, richtig gemacht, das vorhandene Bedürfnisdefizit übertreffen, ausgleichen oder zumindest verringern, sodass Sie nun Schwung nehmen können, um die ungeliebte Arbeit auch jetzt zu erledigen.

Viele Menschen machen sich diese Möglichkeit zunutze, indem sie sich aus dem als unbefriedigend empfundenen Leben quasi hinausträumen. Das Hineinträumen in rosarote Wolken, in den Himmel auf Erden, das gedankliche Zusammensein mit verehrten, sonst unerreichbaren Stars, die Vorstellung, selber als toller Held ein Unternehmen zu führen oder als Superstar im Fußball den Jubel auf sich zu ziehen, das erleichtert vielen Menschen immer wieder kurzfristig das Leben. Auch Sportler im Leistungstief versuchen ihre besten Leistungen zu erinnern, um wieder an sie anschließen zu können.

Entscheidung über eigene Aktivität und Inaktivität

Unsere Motivation möchte umso stärker verhaltenswirksam werden, je größer der im Augenblick als erreichbar eingeschätzte Nutzen ist (vergl. z. B. Fishbein & Ajzen 1975, Atkinson & Heritage 1984). Dabei können vor dem Hintergrund unserer momentanen Bedürfnisstruktur auch sehr komplexe Nutzenbündel entstehen, da aus bestimmten konkreten, aber auch vermuteten Umweltzuständen gleichzeitig mehrere Bedürfnisse befriedigt werden können. Gleichzeitig können sich aber auch, wenn mehrere Bedürfnisse ins Defizit versetzt werden, Schadbündel ergeben. Diese lösen diametral entgegengesetzte Antriebskräfte aus, um Bedürfnisdefizite abzuwehren.

Als Motivationsstärke wollen wir die Heftigkeit des Dranges verstehen, aktiv zu werden (vergl. Fishbein & Ajzen 1980). Bedürfnisbefriedigung kann im Extremfall als mächtiger, fast unendlich heftiger Nutzen mit überwältigendem Glücksgefühl locken. Ein Bedürfnisdefizit kann aber auch als fast unendlicher Schaden drohen, der im Extremfall mit dem Verlust des Lebens enden könnte. Die Differenz zwischen Nutzen und Schaden entscheidet dann letztlich, ob, in welche Richtung und in welcher Stärke eine Motivation als Drang zum Handeln entsteht.

Um Nutzen und Schaden und den erforderlichen Aufwand zu messen, benötigen wir ein einheitliches Maß. Das soll für uns das **Energieäquivalent** sein. Mit dieser Maßeinheit können wir den Energieeinsatz gegen die Bedürfnisbefriedigung oder den Nutzen aus Abwehr eines Bedürfnisdefizits gegeneinander aufrechnen.

Weshalb Energie-Äquivalent, wofür steht dieser Ausdruck? Wenn wir aktiv werden, müssen wir uns, ob wir wollen oder nicht, aus dem Energiesparmodus, dem Zustand der körperlichen und geistigen Ruhe, lösen und in den Aktivmodus schalten. Aktivmodus bedeutet, dass wir - je nach Anstrengung - eine Menge x mehr an Energie verbrauchen, als zum Leben im Energiesparmodus erforderlich wäre. Für diesen zusätzlichen Energieeinsatz erwarten wir einen zusätzlichen Nutzen oder die Abwehr eines Schadens, wobei beides dem erforderlichen Energieeinsatz mindestens entsprechen muss.

Die einfachen Beziehungen lauten:
1 Nutzeneinheit / 1 Defiziteinheit = 1 Energieäquivalent (EÄ),
1 Einheit Aufwand ist ebenfalls 1 Energieäquivalent (EÄ).
So können Nutzen, Abwehr eines Schadens und Aufwand verglichen werden.

Ein einfaches Beispiel soll uns zeigen, wie sich die Nutzen-Schaden-Rechnung zu einem bestimmten Zeitpunkt als Saldo unterschiedlicher Strebungen aus einer momentan bestehenden Bedürfnisstruktur auswirkt und eine Tendenz zum Handeln schafft.

Ein bisher arbeitsloser junger Mann hat sich zum Ziel gesetzt, eine Berufsausbildung zum Mechatroniker (Kfz) zu absolvieren. Das möchte er, weil er einen positiven Nutzen in einer Ausbildung an sich sieht, er gerne an Autos schraubt und er auch mit der Ausbildung andern imponieren möchte. Gleichzeitig verspürt er jedoch auch Druck von der Arbeitsagentur, die ihm Hartz IV kürzt, wenn er sich nicht endlich eine Arbeit sucht. Sein Problem ist auch, dass er nicht gerne lernt und wenig Zugang zu theoretischen Stoffen hat. Daraus rührt Angst, sich in der Schule zu blamieren.

Visualisiert stellt sich seine Motivationsstruktur bezüglich der Quellen, also aus welchem Bedürfnis die Motivation herrührt, und der Richtung, in die sie wirkt, so dar:

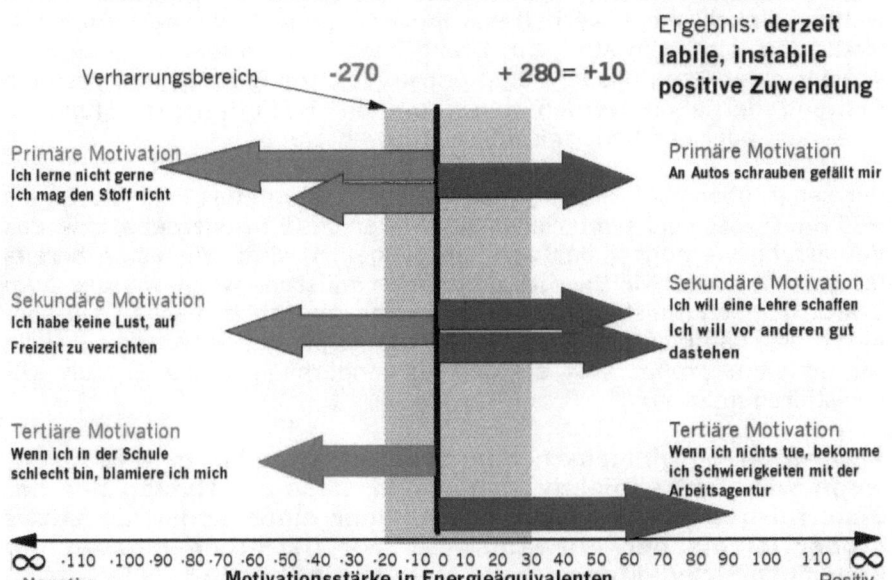

Im **Bereich der primären Motivation** liegen zwei starke negative Strebungen mit 90 EÄ und 50 EÄ vor sowie eine positive Strebung der Stärke 60 EÄ. Sie sind leicht dem Bedürfnis nach Genuss zuzuordnen.
Im **Bereich der sekundären Motivation** liegen zwei unterschiedlich starke positive Strebungen der Stärke 70 EÄ und 60 EÄ vor sowie eine negative Strebung der Stärke 70 EÄ. Berührt werden zumindest die Bedürfnisse nach Selbstbestimmung und nach Anerkennung durch die Umwelt.
Im **Bereich der tertiären Motivation** liegt eine "positive" Strebung der Stärke 90EÄ vor sowie eine negative Strebung der Stärke 60 EÄ. Hier sind Bedürfnisse nach Anerkennung sowie das Bedürfnis nach Sicherheit involviert.
Die Aufrechnung ergibt einen positiven Saldo von +10 EÄ. Das bedeutet, dass momentan die Motivation für das Erlernen eines Berufes tendenziell knapp eine positive Zuwendung erfährt. Das kann morgen aber schon wieder anders sein, wenn eine andere Beurteilung der Situation zu einem andern Ergebnis für Bedürfnisbefriedigung und Bedürfnisdefizit kommt.

Diese Motivation steht im Moment auf sehr schwachen Beinen und wird wahrscheinlich nicht verhaltenswirksam. Denn auch der stärksten Motivation, also dem stärksten Drang nach Bedürfnisbefriedigung oder Abwehr eines Bedürfnisdefizits, steht ja gleichzeitig entgegen, dass ein Aufwand betrieben werden muss, um die Bedürfnisbefriedigung zu erreichen, oder das Bedürfnisdefizit abzuwehren.

Wir sehen oben auch einen grauen Balken rund um das Feld -20 EÄ bis +30 EÄ. Dieses Feld symbolisiert das Wirken des Effizienztriebs, bzw. das Verharrungsvermögen, das von ihm ausgelöst wird. Wir haben bereits festgestellt, dass wir Energie aufbringen müssen, wenn wir uns zum Zweck der Bedürfnisbefriedigung selbst an die Arbeit machen müssen. Also muss, damit sich eine eigene Aktivität lohnt, der Nutzen, die EÄ, die wir erzielen, größer sein als der Aufwand, nämlich die EÄ, die wir investieren müssen.

Also verharren wir Menschen im Energiesparmodus, in Untätigkeit, wenn wir nicht subjektiv sicher sind, dass der Nutzen aus der Bedürfnisbefriedigung oder der Abwehr eines Bedürfnisdefizits größer ist als der Aufwand, den wir betreiben müssen um Bedürfnisbefriedigung oder die Abwehr eines Bedürfnisdefizits zu erreichen.

Das wiederum bedeutet, dass sich eine Bedürfnisbefriedigung oder ein Bedürfnisdefizit für viele schon mehr oder weniger deutlich abzeichnen muss, bevor sie sich aufraffen, um überhaupt aktiv zu werden.
Das Verharrungsvermögen ist von Mensch zu Mensch unterschiedlich. Es gibt Leute, die ständig vor Aktivität sprühen und immer dabei sind, etwas zu bewegen. Und es gibt Menschen, die es sich sehr genau überlegen, ob sie sich bewegen oder nicht.

Selbst wenn man Motivation nicht mit einer Kardinalskala "messen" kann, auf einer Ordinalskala ließe sich nach unser Meinung jedoch bei bewusster Auseinandersetzung mit der Materie die momentane Motivationsstruktur als Ausdruck unserer momentanen Bedürfnisstruktur erkennen. Man tut es halt verständlicherweise nicht im Alltag.
Natürlich geht kein Mensch hin und erstellt sich quasi eine Motivationsrechnung. Diese Darstellung soll jedoch das Verständnis dafür wecken, dass Motivation bewusst, häufiger jedoch unbewusst aus unterschiedlichen Bedürfnissen gespeist, sehr unterschiedlich in der Tendenz und sehr unterschiedlich in der Stärke sein kann. Sie wird letztendlich jedoch zu einem Entscheidungsmoment führen.

Wir erachten weiterhin das Segment des Verharrungsvermögens als asymmetrisch. Wir sehen Ansätze, dass sich Menschen eher schneller aktivieren, um Bedürfnisdefizite abzuwehren, als sich zu aktivieren, um einen zusätzlichen Nutzen zu realisieren.
Der junge Mann wird aktiv, wenn ein Bedürfnisdefizit <20 EÄ oder eine Bedürfnisbefriedigung >30 EÄ erkannt wird. Da der Saldo jedoch nur +10 EÄ beträgt, ist kaum anzunehmen, dass er trotz resultierender positiver Motivation tätig wird und einen Ausbildungsbetrieb sucht.

Da er auch nicht tätig wurde, hat der junge Mann nun eine Einladung zur Arbeitsagentur erhalten. Bei diesem Treffen setzt ihm ein Berater klipp und klar einen Termin zur Arbeitsaufnahme, bei dessen Nichteinhaltung der Unterstützungssatz gekürzt wird. Eine Kürzung kann sich der junge Mann wirklich nicht leisten. Er braucht seinen Unterstützungssatz dringend, da er von seinen Eltern kein Geld mehr erwarten kann.
Die Motivation von +50 EÄ übersteigt nun den Energieaufwand von -30 EÄ. Daher wird durch das Gespräch seine Bedürfnisstruktur und damit seine Gesamtmotivation so verändert, dass er nun wirklich aktiv wird. Die neue Motivationsstruktur, die sich nach Rücksprache mit der Arbeitsagentur ergibt, sehen Sie auf der nächsten Seite.

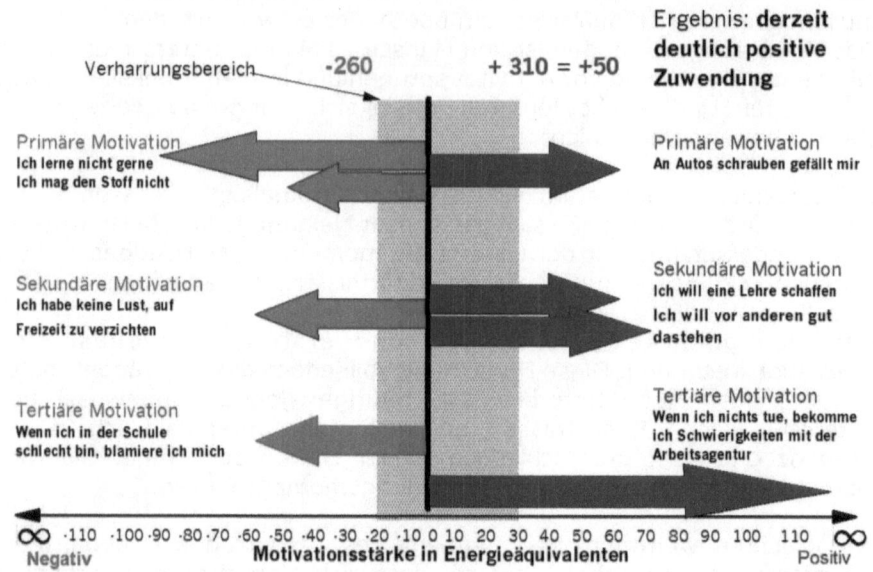

Wir müssen uns aber immer wieder in Erinnerung rufen, dass Aufnahmen unserer Bedürfnisstruktur immer Momentaufnahmen sind. Manche Menschen wechseln ihre Meinungen, ihre Ziele täglich. Andere Menschen haben eher stringente Ziele und ein stringentes Verhalten.

Nach diesem eher plakativen Beispiel möchten wir die Nutzen-Schaden-Rechnung und die [(Nutzen-Schaden) - Aufwand] Rechnung etwas detaillierter erläutern. In diese Rechnungen können nämlich situations- und persönlichkeitsabhängig sehr viele Variablen einfließen.

Nutzenrechnung (Nutzen - Schaden)
(vergl. Vroom 1964, Janis & Mann 1977)
Nutzen-Aufwand-Rechnungen können grundsätzlich sehr komplexer Natur sein. Folgende Einflussfaktoren können in die Nutzenrechnung einfließen. Das Modell ist kein Rechenmodell, nur ein Erklärungsmodell!

Modellhaft bestimmen wir die Motivationsstärke M wie folgt:
$$M = \{[N_{pM} - S_{pM}] + [N_L + N_{LZ} - S_{UL} - SR_L - S_{AL} + N_{ED} + N_{EJ}] + N_{ES} - SR_E - S_{EA} - S_M]\} * I_N * S - [|A_J| + |A_s|] * I_A * H = \max!$$

Erklärung des Modells:

Nutzen = Bedürfnisbefriedigung	Schaden = Bedürfnisdefizit
Nutzen aus **passiver Motivation** (N_{pM}), z. B. sich geachtet und respektiert fühlen	- Schaden aus **passiver Motivation** (S_{pM}), z. B. sich missachtet und nicht respektiert fühlen
+ [erwarteter Hauptnutzen (NL) und Zusatznutzen (N_{LZ}) aus der Aktivität **(Lustfaktor aus positiver primärer Motivation)**	- Schaden aus der Aktivität (S_{UL}) **(Unlustfaktor)** - erwarteter Schaden aus Risiken aus der Aktivität **(Unlustfaktor)** (SR_L) - Schaden aus erwarteten entgehenden anderen Lustfaktoren (S_{AL}) **negative primäre Motivation**
+ erwarteter Haupt- und Zusatznutzen aus dem Ergebnis **aus sekundärer und tertiärer Motivation** sofort dauerhaft (N_{ED}), punktuell (N_{EJ}), zu späterem/n Zeitpunkt(en) (N_{ES})	- erwarteter Schaden **aus sekundärer und tertiärer Motivation** • aus **Risiken** aus dem Ergebnis (SR_E) • durch **entgehende andere Nutzen** (S_{EA}) • aus gesellschaftlicher **Missbilligung** der Aktivität (S_M)]
* multipliziert mit einem Irrationalitätsfaktor (I)	
* multipliziert mit einem Suchtfaktor (S)	

Ist der Nutzen - Schaden < 0, dreht sich das Vorzeichen vor dem Aufwand um. Dies bedeutet, dass nun ein Antrieb vorhanden ist, einen Schaden abzuwehren oder zumindest zu begrenzen. Der Nutzen liegt im Vermeiden oder Reduzieren von Bedürfnisdefizit(en). In die Aufwandrechnung geht dann der Aufwand ein, der notwendig ist, um sich gegen die Sache zu wenden.

Anmerkungen zum Suchtfaktor
Sucht bewirkt einen irrational starken Anreiz in Richtung "Bedürfnis befriedigen". Irrational daher, da Sucht in den meisten Fällen auf Dauer einen Schaden für den Süchtigen bewirkt.
Dieser Faktor ist bei den Betroffenen immer > 1. Er verführt zum Handeln, wo andere nicht handeln würden. Am bekanntesten sind Suchtpotenziale von Alkohol, Tabak, Rauschmitteln und Spielen. Es werden aber auch Probleme durch Arbeitssucht diskutiert (Poppelreuter 1997a).

Anmerkungen zum Irrationalitätsfaktor
Der Irrationalitätsfaktor beeinflusst die Wahrnehmung oder Einschätzung des Nutzens auf der Nutzen- wie auch der Kostenseite.
Nutzen aus materiellen wie aus immateriellen Dingen kann in Abhängigkeit von Sozialisation und Persönlichkeit des Urteilers sehr subjektiv eingeschätzt werden, mit heftigem Einfluss auf die Motivationsstärke (vergl. Merton 1963).

Religionen erzeugen durchaus auch zweifelhafte Verhaltensnormen, wenn wir z. B. an die Kleiderordnung und Verhaltensnormen für Frauen in manchen Religionen oder an Selbstmordattentate aus Anlass eines Heiligen Krieges denken.

Normen außerhalb der Religionen kommt ebenfalls ein starker Einfluss auf die Motivationsstärke zu. In manchen Kulturkreisen kann ein "Verstoß gegen die Ehre" nur mit Blut gesühnt werden.
Blaublütige tun Dinge nicht, die das Volk tut.

Auch über massenpsychologische Effekte werden unsere Entscheidungen beeinflusst (Asch 1951; Festinger 1950, 1954). Die Börsensprüche "Die Hausse nährt die Hausse." und "Die Baisse nährt die Baisse." beschreiben solche Phänomene an Plätzen, wo man doch eher an wirklich rationale Entscheidungen denken würde.

Wenn durch Autoritäten falsche Vorgaben gemacht werden (Sherif 1935) oder eine einstimmige falsche Meinung in einer Gruppe vorliegt, kann diese so stark wirken, dass sie die Meinung eines Einzelnen sogar dann umdreht, wenn er selber die Realität zunächst richtig erkannt hat (Asch 1951).

Wir entscheiden durchaus auch stimmungsabhängig, also inkonsistent. Wenn wir "gut drauf" sind, haben wir andere Entscheidungsmuster im Kopf, als wenn wir "schlecht drauf" sind.

Und wir begeben uns bei unseren Entscheidungen durchaus auch in die Hände anderer. Denken Sie an die Ängste mancher Menschen vor "Freitag, dem dreizehnten".

Wir gehen davon aus, dass das Selbstwertgefühl sowie die Ausprägung der primären Motivation eines Menschen grundsätzlich Einfluss auf Richtung und Stärke des Irrationalitätsfaktors nehmen. Je positiver das Selbstwertgefühl und umso stabiler eigenes Wissen ist, umso unabhängiger werden wir von Umwelteinflüssen. Je selbstbestimmter wir leben, umso mehr verlieren irrationale Einflüsse von außen an Bedeutung.

Den Faktor sehen wir auf der Nutzenseite:
a) bei Menschen mit Minderwertigkeitsgefühlen <1
Das heißt, dieser Faktor reduziert den subjektiv vorhanden Nutzen je nachdem, wie stark die negative Irrationalität vorhanden ist.
• Eine Spinne ist im Zimmer! Sofort verliert das Zimmer jeden Wohnwert, bis das Tier von jemand entfernt ist.

b) bei Menschen mit negativer primärer Motivation <1
• Keine Lust auf...!

c) bei Menschen mit hypertrophen Selbstwertgefühlen >1
Der Faktor greift umso stärker, je mehr das eigene Prestige eine Rolle spielt und je geeigneter der Nutzen erscheint, das eigene Prestige als Haupt- oder Nebennutzen zu heben.
• Veblen- oder Snob-Effekt: Nur wenn ein Gut so teuer ist, dass es für die Allgemeinheit unerschwinglich ist, wird es gekauft. Wenn zu viel Plebs sich eine Sache leisten kann, verliert sie an Reiz.

d) bei Menschen mit positiver primärer Motivation >1
• Diese ganz "umtriebigen" Menschen sind für alles und jedes zu haben, immer aktiv!

Den Faktor sehen wir auf der Kostenseite:
a) bei Menschen mit Minderwertigkeitsgefühlen >1
Das heißt, dieser Faktor vergrößert subjektiv vorhandene Kosten und besonders die Risiken je nachdem, wie stark die negative Irrationalität vorhanden ist. Es werden Gründe gesucht, die die Risiken höher rechnen oder als unverhältnismäßig im Verhältnis zu dem Nutzen erscheinen lassen.

b) bei Menschen mit negativer primärer Motivation >1
Es werden Gründe gesucht, die die Kosten und Risiken höher rechnen oder als unverhältnismäßig im Verhältnis zu dem Nutzen erscheinen lassen.
• Egal, wie ich koche, die haben doch sowieso alle keine Ahnung von gutem Essen. Denen Trüffel vorzusetzen, wäre doch Perlen vor die Säue geworfen! Was Preiswertes und schnell Gekochtes tut es für diese Gäste auch.

c) bei Menschen mit hypertrophen Selbstwertgefühlen <1
Der Faktor greift umso stärker, je mehr das eigene Prestige eine Rolle spielt und je geeigneter der Nutzen erscheint, das eigene Prestige als Haupt- oder Nebennutzen zu heben.

Aus reiner Selbstüberschätzung der eigenen Fähigkeiten sucht man Bedürfnisbefriedigung in Aufgaben, denen man objektiv nicht gewachsen ist, an denen man daher scheitert. Aber aus Schaden werden manche dennoch nicht klug. Immer wieder werden Dinge probiert, die objektiv einfach eine Nummer zu groß sind, was subjektiv aber nicht realisiert wird.
• Den Hausbau wird man schon schaffen. Kosten werden daher kleingerechnet. Das dicke Ende kommt zum Schluss. Angeben ist gut, solange keine zu großen Risiken unterschätzt werden.

d) bei Menschen mit positiver primärer Motivation <1
• Aus purer Lust am Tun kennt man keine Grenzen für Hobbys, Arbeit usw. Der Kostenfaktor der Arbeitszeit - Zeit ist Geld - wird nur unzureichend beachtet. Man trödelt an den als angenehm erfahrenen Arbeiten herum und vergisst leicht die anderen, wichtigen Dinge. Die eigene Familie und sonstige soziale Kontakte können vernachlässigt werden, weil man nur noch seiner Arbeit, seinem Hobby nachgeht.
Die gute intrinsische Motivation hat auf diese Weise auch ihre Nachteile.

Aufwandrechnung (vergl. Vroom 1964)
Gleich wie hoch nun die Motivationsstärke als Resultat verbleibt, sie macht sich zunächst nur als Drang zum Handeln bemerkbar. Doch wir wollen nicht vergessen, dass der Effizienztrieb darüber entscheidet, ob wir auch wirklich in den Aktivmodus übergehen und handeln, um uns den Nutzen zu sichern. Denn der Effizienztrieb vergleicht, ob der Aufwand, den wir betreiben müssen, größer, kleiner oder gleich dem Nutzen ist, den wir aus dem Aufwand erwarten können. Auch die Aufwandrechnung kann sehr komplexer Natur sein:

$[\|A_J\| + \|A_s\|] * I_A * H$ **Jetzt zu erbringender absoluter Aufwand** $\|A_J\|$ = 1- (ER-EV) + 1- (EP-EPn) + 1- (Kn-K) + 1- (Zv-Zn) + 1- (P-G)   + erwarteter **Folgeaufwand** zu späterem/n Zeitpunkt(en) $\|A_s\|$ = 1- (ER-EV) + 1- (EP-EPn) + 1- (Qu/F- Qun/Fn) + 1- (Zv-Zn) + 1- (P-G)
* multipliziert mit einem individuellen Irrationalitätsfaktor (I) und einem Faktor der Aktivierungshemmung (H), die jeweils >1 oder <1 sein können.

Jetzt zu erbringender persönlicher Aufwand (AJ) bezieht sich auf die subjektive Einschätzung des Ausmaßes an notwendigem eigenen Ressourceneinsatz. Die vorhandenen Ressourcen sind immer 100% =1. Der jeweils erforderliche Aufwand bewegt sich zwischen
>1 [kann vom System nicht erbracht werden]
=1 [lastet das System voll aus]
<1 [belässt dem System Reserven]
Ist ein notwendiger einzelner Faktor in (AJ) oder (AS) >1, ist die Aufwandseite überfordert; wir werden nicht aktiv. Den Faktor 1 fügen wir ein, da nur der resultierende Aufwand in die Gleichung eingeht.

Als Aufwand gilt:
a) **physischer Aufwand** als körperliche Anstrengungen zur Durchführung der Tätigkeit / Erreichung des Zieles. Dabei ist das Verhältnis vorhandene Energieressourcen (ER) / erforderlicher Energieaufwand (EV) wichtig.
Wenn wir körperlich erschöpft sind, erschöpft jeder weitere Energieeinsatz das System umso mehr und bringt es im Extremfall an den Rand der Existenz - oder einen Schritt weiter! In Situationen, in denen Energie

ohnedies schon knapp geworden ist, muss daher jeder weitere Energieverbrauch einen umso größeren Nutzen bringen, um Leistungsbereitschaft zu erzeugen. Denn mit zunehmender Erschöpfung ist der Drang, im Energiesparmodus zu verharren, um in Ruhe zu regenerieren, bzw. Energie = Nahrung neu aufzunehmen, um das System wieder "aufzuladen", besonders ausgeprägt.

Aus diesem Grund reagieren müde Menschen in aller Regel deutlich leichter ablehnend auf zusätzlich geforderten Energieeinsatz, da die Erholung des Systems unbewusst oder bewusst vorrangig erscheint.

Daraus resultiert ein Gesamtergebnis zwischen den Polen "Ich habe genug Kraft für die Tätigkeit" - "Ich habe nicht genug Kraft für die Tätigkeit".

b) psychischer Aufwand (psychische Belastungen, Umgang mit Stress)
Hierbei werden die Anforderungen berücksichtigt, die die Tätigkeit an die psychische Belastung stellt. Wichtig ist das Verhältnis vorhandene psychische Belastbarkeit (EP) / erforderliche psychische Belastbarkeit (EPn). Im Prinzip gilt das Gleiche wie für die physische Belastung. Das lässt sich 1:1 übertragen. Je stärker man bereits "im Stress" ist, umso schwerer ist es, sich zu zusätzlichen Arbeiten zu motivieren, bis schließlich nichts mehr geht.

Daraus resultiert ein Gesamtergebnis zwischen den beiden Polen "Ich habe genug psychische Kraft für die Tätigkeit" - "Ich habe nicht genug psychische Kraft für die Tätigkeit."

c) persönliche Fähigkeiten (Wissen, Können und Kompetenzen)
Die für die Aktivität notwendigen Fähigkeiten und Kompetenzen werden mit den vorhandenen Fähigkeiten und Kompetenzen verglichen.
Wichtig ist das Verhältnis vorhandene eigene Fähigkeiten und Kompetenzen (K) / die zur Aktivität notwendigen Fähigkeiten und Kompetenzen (Kn).

Daraus resultiert ein Gesamtergebnis zwischen den beiden Polen "Diese Tätigkeit kann ich sehr gut" - "Diese Tätigkeit kann ich überhaupt nicht."

d) zeitlicher Aufwand (Dauer der Anstrengung)
Hier wird betrachtet, wie viel Zeitaufwand eine Tätigkeit erfordert. Wichtig ist das Verhältnis vorhandenes Zeitbudget (Zv) / zur Aktivität erforderliches Zeitbudget (Zn).

Daraus resultiert ein Gesamtergebnis zwischen den beiden Polen "Ich habe genug Zeit für die Tätigkeit" - "Ich habe nicht genug Zeit für die Tätigkeit."

e) finanzieller Aufwand zur Durchführung der Tätigkeit / Erreichung des Zieles

Für manche Tätigkeiten sind Geldmittel und / oder Sachmittel erforderlich, damit die Leistung erbracht werden kann.
Wenn ich zum Beispiel die Holzdecke in meinem Haus selbst anbringen will, sind Geldmittel erforderlich, um das Holz zu kaufen, und Sachmittel, wie Hammer, Bohrmaschine, Bohrer, um die Tätigkeit durchzuführen. Wichtig ist das Verhältnis zu zahlende Preise + erforderlicher Aufwand an Sachmitteln (P) / Vorhandene eigene Geldmittel + Sachmittel (G).
Daraus resultiert ein Gesamtergebnis zwischen den beiden Polen "Ich habe genug Geld- und Sachmittel für die Tätigkeit" - "Ich habe nicht genug Geld- und Sachmittel für die Tätigkeit."

Ist dieser Teil der Aufwandsseite nicht gegeben, fließt er in die Gesamtformel nicht ein.

Zusammenfassend ist zu erkennen:

Der negative Aspekt des persönlichen Energieaufwandes zur Erledigung einer Tätigkeit sinkt umso mehr, je deutlicher
- die körperlichen Energieressourcen (ER) nicht ausgeschöpft sind und je weniger physische Energie (ERn) zu verbrauchen sein wird;
$ER<ERn$ ist ein Killerkriterium.
- die psychischen Energieressourcen (EP) nicht ausgeschöpft sind und je weniger psychische Energie (EPn) zu verbrauchen sein wird;
$EP<EPn$ ist ein Killerkriterium.
- vorhandene eigene Fähigkeiten und Kompetenzen (K) / die zur Aktivität notwendigen Fähigkeiten und Kompetenzen (Kn) nicht erreichen;
$K<Kn$ ist ein Killerkriterium.
- das vorhandene Zeitbudget (Zv) den notwendigen Zeitaufwand (Zn) übersteigt;
$Zv<Zn$ ist ein Killerkriterium.
- die vorhandenen Geld - und Sachmittel (G) die notwendigen Geld- und Sachmittel (P) übersteigen;
Fließt dieser Faktor in die Aufwandsrechnung ein, ist **$G<P$ ein Killerkriterium.**

Da die Einschätzung der eigenen Ressourcen eher subjektiv als objektiv erfolgt, folgt, dass Menschen, die sich und ihre Fähigkeiten selbst hoch einschätzen, sich sehr viel eher an Aktivitäten herantrauen als Menschen, die ihre Fähigkeiten eher niedrig einschätzen.

Pessimismus engt also den Handlungsraum der Menschen ein, während Optimismus ihn ausweitet (vergl. Bandura 1986).

Andererseits: Tritt auch nur ein Killerkriterium ein, wird der Mensch selbst inaktiv bleiben, egal wie groß sein Nutzen wäre. Er verharrt im Energiesparmodus, da jedes Umschalten in den Aktivmodus Energieverschwendung wäre. Da, wenn die linke Seite >0 ist, dennoch heftig spürbare Bedürfnisse verbleiben, sind die Bestrebungen groß, andere zum Erreichen des eigenen Nutzens zu aktivieren.

Doch auch die Strebungen, andere zu aktivieren, laufen unter der gleichen Aufwandsrechnung ab. Können wir nicht selbst aktiv werden und gelingt es uns nicht, andere zu aktivieren, laufen wir vielleicht ein Leben lang Wunschträumen hinterher oder beständig vor Ängsten davon. Wir haben keine Chance, die Situation aufzulösen.

Zieht man mit fortschreitendem Lebensalter einen Soll-Ist-Vergleich zwischen seinen ursprünglichen Lebensträumen und dem, was wirklich erreicht worden ist, kann das zu Lebenskrisen führen (siehe auch Baumeister 1993)!

Individueller Faktor der Aktivierungshemmung (H)

Auch dieser Faktor ist ein Irrationalitätsfaktor. Er bezieht sich darauf, dass das Energiesparmodus-Programm bei manchen Menschen so übermächtig ist, dass sie sich nur schwer auch zu wirklich wichtigen Dingen aktivieren können. Ein Teufelskreis kann entstehen, wenn man zwar immer wieder den guten Vorsatz fasst, unangenehme Tätigkeiten "bald" zu erledigen – dieses "bald" jedoch immer und immer wieder nicht heute ist.

Bei manchen Personen nimmt das Aufschieben ein solches Ausmaß an, dass sie erheblich darunter leiden, es aber nie schaffen, nicht aufzuschieben, obwohl schwerwiegende negative Folgen drohen, z. B. der Abbruch einer Ausbildung oder berufliches Scheitern. Das Verharrungsvermögen ist bei ihnen überproportional nachhaltig ausgeprägt. Aufschiebeverhalten kann sogar pathologisch werden. Das Krankheitsbild wird als Prokrastination bezeichnet.[8]

Bei diesen Menschen ist der Faktor der Aktivierungshemmung >1. Das heißt, es muss sich für sie deutlich lohnen, Energie aufzuwenden, um vom Energiesparmodus in den Aktivmodus umschalten zu können.

Anderseits gibt es Menschen, die unheimlich aktiv sind, alles und jedes anpacken. "Klar kann ich das zusätzlich auch noch übernehmen!" Da ist der Faktor <1, da eigene Aktivität offensichtlich völlig offensiv eingebracht wird.

Schlussbemerkung:
Über die Dauer des Entscheidungsvorgangs sollten wir uns allerdings nicht täuschen: Sie läuft bei Alltagsentscheidungen spontan in Bruchteilen von Sekunden und als Vorgang unbemerkt ab. Wir spüren nur einfach ein Gefühl, als Resultat des Vorgangs.

Andererseits gibt es Entscheidungen, die lange und mehrfach durchdacht werden (Ajzen 1991). Marketing setzt sich daher sehr mit dem Problem extensiver Kaufentscheidungen auseinander.

Beispiele für extensive Kaufentscheidungen wären der Kauf eines Autos oder Hauses. Hier setzt man sich häufig und lange mit Alternativen und deren Vor- und Nachteilen auseinander. Doch täuschen wir uns nicht: Allzu oft treffen wir in Sekundenbruchteilen irrationale Entscheidungen, da die momentane Bedürfnisbefriedigung zu verlockend ist und sachliche Risiken mit später möglichen Bedürfnisdefiziten verdrängt werden: Das Motorrad will ich haben! Ist diese Entscheidung gefallen, dreht sich das Denken nur noch darum, der spontanen Entscheidung einen rationalen Deckmantel zu verpassen (vergl. Miller & Ross 1975, Roth 2001).

5 Wie der Effizienztrieb unsere Motivation beeinflusst

Zielerreichung durch Aktivierung anderer
Wir wollen noch einmal zusammenfassend einen sehr wesentlichen Punkt unserer Motivation herausstellen:
Bevor wir selber Energie investieren, loten wir gerne aus, ob es sich nicht anbietet, andere für uns arbeiten zu lassen und so eigene Energie zu sparen. Diese Abwägung erfolgt jedoch nicht in den Bereichen, in denen Lust der motivierende Faktor ist. Alles, was Lust bereitet, müssen wir uns persönlich sichern, damit es als Bedürfnisbefriedigung wirksam werden kann.

Eigenen Nutzen ohne eigenen Energieeinsatz erreichen
Im Null-Max-Prinzip ist das Benutzen und Ausbeuten anderer Menschen zum eigenen Nutzen angelegt. Sich Sklaven zur Arbeit zu halten, ist auch sehr verführerisch. Man erzielt einen Nutzen, ohne selber Energie aufwenden zu müssen.
Wie viele Mitarbeiter werden zu unbezahlten Überstunden gedrängt? Wie viele Assistenten der Geschäftsführung, wie viele Assistenten von Professoren an Universitäten leisten hervorragende Arbeit, stellen ihren Vorgesetzten Zahlen zusammen, bereiten für sie Statistiken auf, entwerfen Reden, damit sich Vorgesetzte "Ruhm" und Ansehen in Konferenzen auf ihre Kosten erwerben können?

Drei weitere Beweggründe wollen uns gerne dazu veranlassen, einen Nutzen ohne eigenen Aufwand zu erreichen.

Trotz Unlust zum Ziel kommen
Sie kennen doch auch Ihren Alltag. Sie würden gerne einen Kaffee trinken, haben aber keine Lust darauf, Kaffee zu kochen oder gar hinterher das Geschirr zu spülen. Was tun Sie dann, um doch an Ihren Kaffee zu kommen? Sie delegieren an die Auszubildende!

Die Tätigkeiten und Aufgaben, mit denen uns keine primäre Motivation verbindet, obwohl die Ziele und Ergebnisse für uns wichtig sind, versuchen wir gerne abzuwälzen. Je mehr aus "keine Lust" sogar heftige Unlust auf die Tätigkeit wird, umso größer ist der Drang, jemand zu finden, der die Arbeit für uns erledigt. Daher wird Aufräumen oder Putzen gerne den schwächsten Mitgliedern oder den neuen Kollegen in der Gruppe aufgetragen.

Eigene Fähigkeiten und Kompetenzen sind (allein) nicht ausreichend
Immer dann, wenn wir selbst zu schwach sind, wenn wir uns selbst in einer Angelegenheit als inkompetent erleben, benutzen wir gerne andere, die für uns die Kastanien aus dem Feuer holen sollen. Wenn ein Kind mit anderen Kindern nicht zurechtkommt, wendet es sich an seine Mutter, damit die die Ziele erreicht, die ihm, dem Kind, wichtig sind. Wenn wir selbst nicht bohren und nicht schweißen können, suchen wir jemand, der das für uns erledigt.

Solange Letzteres auf einem vernünftigen Geben und Nehmen basiert, ist das auch in Ordnung. Dann reden wir von Kooperation. Wenn die permanente Hilfe durch andere jedoch zum "Programm" wird, dann führt dies zur Ausbeutung derjenigen, die ständig um Hilfe angefleht werden.

Eigenes Handeln birgt ein (unkalkulierbares) Risiko (tertiäre Motivation)
Wir Menschen aktivieren andere auch dann gerne, wenn wir subjektiv annehmen, dass aus unserem eigenen Handeln, oder aus eigenen Entscheidungen, ein Risiko für uns selber erwachsen könnte. Dann erwacht in uns Angst vor dem Handeln, Angst davor, Entscheidungen zu treffen, und wir sind froh, wenn wir jemand finden, der uns das Handeln oder die Entscheidung abnimmt.

In Unternehmen berufen unsichere Vorgesetzte gerne Besprechungen ein, um "gemeinsame" Entscheidungen zu fällen. Auf diese Weise glauben sie sich abzusichern und das Risiko von sich selbst auf die Mitarbeiter abwälzen zu können. "Wir haben das doch gemeinsam beschlossen!"
Vorgesetzte lassen gerne gezieltes Intrigieren gegen Entscheidungen "von oben", gegen Konkurrenten um Aufstieg und Machtzuwachs, gegen unliebsame Mitarbeiter als Mobbing durch willige und nützliche Mitläufer erledigen. Sie selber sind aus der Schusslinie, spielen nach außen den Saubermann und erreichen ihre Ziele, ohne selbst einen Finger krumm zu machen, ohne selbst ein Risiko einzugehen. Sie waschen im Zweifel ihre Hände in Unschuld.

Schaubild der Motivationsstruktur der Menschen (Zusammenfassung)

Arten der Motivation	Primäre Motivation		Sekundäre Motivation		Tertiäre Motivation
	Lustbestimmt Ziel: glücklich werden über Lustgewinn	**Unlustbestimmt** Ziel: Vermeiden von Sich-unglück-lich-fühlen	**Angstfrei zielorientiert** Ziel: a) glücklich werden über das Erreichen bestimmter Ziele, b) Vermeiden von Sich-unglück-lich-fühlen, weil wichtige Ziele nicht erreicht werden	**Angstbestimmt zielorientiert** Ziel: Vermeiden von Sich-unglück-lich-fühlen 1) Existenzängste 2) Versagensängste 3) Soziale Ängste	
Unsere Triebe und Bedürfnisse erhalten in uns ein dauerhaftes Streben nach: (Nur beispielhaft, nicht vollständig)	• Spaß haben, sich glücklich und wohl fühlen • das Leben genießen • Spaß haben an allem, was Unterhaltung bringt, interessant und spannend ist	Vermeiden oder Verhindern von • allem, was Unlust bereitet • Lebensstress • allem, was keinen Spaß macht • allem, was nicht interessant, sondern langweilig ist	Ziele verfolgen, die ich als Teil meines Lebensglücks erachte • materielle und immaterielle Ziele • auf Menschen bezogene Ziele	Widerstände, die mich an der Zielerreichung hindern, vermeiden, verhindern, bekämpfen	Ziele verfolgen, die "Unglücklichsein" verhindern, damit Zustände, vor denen ich Angst habe, nicht eintreten • existenziell-materielle Notsituationen • negative zwischen-menschliche Beziehungen	Eingetretene Zustände, vor denen ich Angst habe, da sie mich unglücklich machen, verringern oder abwehren
Daraus erwachsen Erwartungen an andere = **passive Motivation**	• Ich erwarte von anderen nur Dinge, die ich gerne mag	• Ich erwarte von anderen keine Dinge, die ich nicht mag	• Ich erwarte von anderen • Respekt, Achtung, Anerkennung • ein Verhalten, das zur Erreichung meiner Ziele dient		• Ich erwarte von anderen ein Verhalten, das keine Ängste in mir auslöst oder verstärkt	

Schaubild der unterschiedlich motivierten Aktivitäten der Menschen (Zusammenfassung)

Arten der Motivation	Primäre Motivation		Sekundäre Motivation		Tertiäre Motivation	
	Lustbestimmt	Unlustbestimmt	Angstfrei zielorientiert	Angstbestimmt zielorientiert	Angstbestimmt zielorientiert	
(aktiv) passives Verhalten	Alles von anderen annehmen, was ich mag	Passiv bleiben, wenn der Nutzen, der Spaß, im Verhältnis zum Aufwand zu gering ist oder gar Unlust bereitet	Alles von anderen zulassen, was den eigenen Zielen dient	Passiv bleiben bei Dingen, die sich nicht lohnen oder den eigenen Zielen zuwiderlaufen	Alles annehmen, was befürchtete Folgen verhindert oder nicht verschlimmert	Passiv bleiben, damit befürchtete Folgen nicht eintreten oder sich nicht verschlimmern
andere für sich arbeiten lassen	Aus dem Effizienztrieb erwachsen unterschiedliche Strategien des Verhaltens zur effizienten Erreichung eigener Ziele: • damit ich selbst Energie sparen kann und dennoch meine Ziele erreiche • da ich Ziele erreichen möchte (sekundäre Motivation), aber die dazu notwendige Aktivität nicht gerne auf mich nehme (unlustbestimmte primäre Motivation) • da ich mich selbst nicht in der Lage fühle, meine Ziele zu erreichen					
selbst aktiv werden	Auch gegen Widerstand das tun, wozu ich Lust habe, was mich glücklich macht	Sich wehren gegen Zustände, auf die ich "keinen Bock" habe, die mich unglücklich machen	Aktiv werden, um eigene positive Ziele auch gegen Widerstand anderer zu erreichen	Aktiv werden, um alles, was den eigenen Zielen zuwiderläuft, zu verhindern	Konformes Verhalten, damit befürchtete Folgen nicht eintreten, sich nicht verschlimmern	Aktive Gegenwehr, damit befürchtete Folgen nicht eintreten, sich nicht verschlimmern

6 Das archaische Spontanverhalten der Menschen

Sie kennen das:
- Sie grübeln heftig über die Optimierung eines Projektes nach und erkennen plötzlich die Lösung. Spontan brechen Freude und Erleichterung in Ihnen aus!
- Sie schauen aus dem Fenster und erkennen Frau Maier, die Tratschtante, die offensichtlich zu Ihnen will. Spontan flüchten Sie vor ihr!

Was läuft da nach welchem Muster ab? - **Spontanverarbeitung!**
(In Anlehnung an LeDoux 1994 und 2001, Rolls 1999, Davidson & Irwin 1999, Davidson 2001, Roth 2001)
Wenn wir nicht schlafen, überwachen unsere Sinnesorgane wie ein Radarschirm permanent die uns umgebende Umwelt. Alle aus der Umwelt eingehenden extrinsischen Impulse werden sofort in den Thalamus, einen Teil des Zwischenhirns, geleitet. Dieser gibt, unter Umgehung des Cortex, diese Informationen sofort direkt an die ebenfalls im Zwischenhirn gelegene Amygdala weiter, die ihrerseits nun spontan, ohne dass dieser Prozess rational steuerbar wäre, die eingehenden Informationen in Bruchteilen von Sekunden, ohne lange, bewusste Überlegungs- und Entscheidungsprozesse, identifiziert und daraufhin bewertet, inwieweit diese zur Befriedigung unserer Motivationsstruktur taugen oder nicht.

Den analysierten Zustand leitet die Amygdala unmittelbar an den präfrontalen Cortex (PFC) weiter, in dem für verschiedenste Situationen Verhaltensmuster zur Sicherung von Bedürfnisbefriedigung und zur Abwehr von Bedürfnisdefiziten gespeichert sind. Erst dort angekommen werden die Zuleitungen aus der Amygdala als Gefühle wie Angst oder Freude bewusst, worauf dieser Hirnteil, der ansonsten inaktiv ist, aktiv wird. Er übernimmt die "Vorermittlung" der Amygdala, ohne ihr Ergebnis zunächst in Frage zu stellen, und sucht in seinen abgespeicherten Verhaltensmustern nach der optimalen Strategie, um das von der Amygdala gemeldete drohende Bedürfnisdefizit abzuwehren bzw. die Bedürfnisbefriedigung zu sichern.

Zu viel Leitungserregung aus der Amygdala kann aber blitzartig zur kurzzeitigen Überlastung des PFC führen. Das bedeutet, dass heftige Bedürfnisdefizite / Bedürfnisbefriedigungen, die von der Amygdala quasi als Erregungsflut in den PFC übermittelt werden, das Denken behindern oder nicht aufkommen lassen: Wut und Gier machen beide blind!

Dann bleiben nur noch von der Amygdala gesteuerte Reflexe, die bei "Gefahr im Verzug" oder überschwänglicher Bedürfnisbefriedigung spontane Reaktionen wie sofortige Flucht, Angriff oder auch Kooperation unter Umgehung der anderen Hirnstrukturen auslösen.

Diese blitzartig ablaufende, nicht bewusst steuerbare Verarbeitung extrinsischer Informationen entstand zu frühesten Zeiten der Evolution. Der Zweck dieses schnellen Systems ist es, auf jeweilige Umweltkonstellationen ohne langes Nachdenken (subjektiv) angemessen reagieren zu können. Das ist ganz besonders wichtig, wenn Gefahr im Verzug ist. Akute Bedrohungen müssen wir ohne langwierige Analysen sofort erkennen und auch sofort darauf reagieren können. Ansonsten kann es schnell um unser Leben geschehen sein.

Spontanverarbeitung bedeutet aber auch, dass bewusste Denkprozesse in den Situationen, die uns persönlich sehr berühren, nicht bzw. nur sehr eingeschränkt stattfinden. Haben Sie sich nicht auch schon nach bestimmten Situationen am anderen Tag gefragt: Wie konnte ich gestern nur...?

Die Schaltstation, die die Aktivitäten der Amygdala ein- und ausschaltet, liegt im PFC. Im Idealfall beherrscht sie unsere Regungen von Anfang an! Das kann erlernt werden.
Nicht umsonst gilt das Sprichwort: "In der Ruhe liegt die Kraft!" Untersuchungen zeigen, dass der PFC immer dann verstärkt aktiv ist, wenn jemand zwar ängstlich oder wütend ist, diese Emotionen jedoch erfolgreich zügelt, um rational auf eine Situation zu reagieren oder um sie neu zu bewerten.

Dazu muss der PFC jedoch auf bereits gespeicherte Muster zurückgreifen können, und das ist der entscheidende Punkt. **Emotional allzu labilen Menschen fehlen rationale Verhaltensmuster, was ihnen eine "vernünftige" Verarbeitung kritischer Situationen unmöglich macht!**

Im Folgenden wollen wir den Ablauf der Spontanverarbeitung als unbewusste, nicht steuerbare Aktivität unseres Gehirns beispielhaft darlegen, um aus unserer Sicht zu erklären, welche Faktoren aus dem Naturprogramm und unserer Persönlichkeit welche eigenen Verhaltensweisen nach sich ziehen.

Stufe 1 Wahrnehmung ...

Umweltzustand	Wahrnehmung / Aufnahme der Information über den "Radarschirm", die Sinnesorgane:	Beispiel
Gegenstand, Mensch, Situation, Ereignis, Naturvorgang	Augen - sehen Ohren - hören Hände - tasten Nase - riechen Mund - schmecken	*Ein wildfremder Mensch kommt mit festem Blick und erhobener Faust auf mich zu*

❑ ...Identifikation und Zuordnung des Umweltzustandes

Der Umweltzustand wird vom Thalamus aufgenommen und an die Amygdala geleitet		
... dort identifiziert	▸ Wer macht was?	*Ein Mensch, den ich nicht kenne, nähert sich mir mit festem Blick und erhobener Faust.*
... und zugeordnet	▸ Betrifft mich dieser Umweltzustand?	*Ja*

... Erkennung - das Pars-pro-toto-Prinzip

Jeder wahrgenommene Umweltzustand wird zunächst geprüft, inwieweit er uns bekannt ist, wer ihn verursacht und was er bewirkt (Kelley 1973). Dazu durchstöbert quasi ein Suchprogramm blitzschnell alle Ordner und Dateien, die im Laufe unseres Lebens in der Amygdala angelegt worden sind. Anhand der Daten kann die Situation, in Abhängigkeit von der Ähnlichkeit zu den vorhandenen Speicherinformationen, (subjektiv) mehr oder weniger genau identifiziert und erkannt werden.

Der Umweltzustand wird durch die Amygdala subjektiv in eine Schublade eingeordnet	
... vor dem Hintergrund unserer festen Erfahrungen (auch Vorurteilen)	**Männer, die böse schauen und mit geballten Fäusten auf uns losgehen, sind Angreifer, die uns schaden könnten.**
... bezüglich seiner akuten Auswirkungen auf uns selbst	**Dieser Mann, der mit festem Blick und erhobener Faust auf mich zukommt, will mich angreifen!**
... und daraus folgend auch zukünftiger Auswirkungen auf uns (relativ).	**Dieser Mann ist potenziell gefährlich für mich!**

Stufe 2 Prüfung des Umweltzustandes (ähnlich Lazarus 1991)
Ist der Umweltzustand erkannt und eingeordnet, prüft die Amygdala:
Welchen Einfluss in welchem Ausmaß hat dieser Umweltzustand jetzt konkret auf meine Trieb- und Bedürfnisstruktur?

A)Taugt dieser Mensch zur Befriedigung meiner Bedürfnisse?
Taugt er grundsätzlich als Sexualpartner? (Mann-Frau-Begegnungen)
Ist er mir als Mensch sympathisch? Ist er schön und gepflegt?

B)Taugt sein Verhalten zur Befriedigung meiner Bedürfnisse?
Ist er Freund oder Feind? Will er mir gut, will er mir schlecht?
Wie verhält er sich mir gegenüber? Ist dominant, kooperativ, ignoriert er mich?

C)Taugt das, was er will, zur Befriedigung meiner Bedürfnisse?
Entspricht, das, was er will, meinen Zielen?
Ist das, was er will, sinnvoll und daher akzeptabel?

Die Prüfung erfolgt zunächst vor dem Hintergrund unseres Wertesystems, unserer Normen und situativer Faktoren, die Einfluss auf die konkrete Situation haben.
Das persönliche Wertesystem entwickelt sich unter dem Einfluss der individuellen Ausprägung des Naturprogramms, das wir oben dargelegt haben, sowie dem Einfluss der Sozialisation, was wir noch ansprechen werden. Die daraus wirksam werdende Zielstruktur, als der vermutete Weg zum persönlichen Glück, bewegt sich immer zwischen zwei Extrempolen, die wir egozentriertes Wertesystem (Naturprogramm) und partnerschaftliches Wertesystem nennen.
"Nicht die Dinge selbst beunruhigen die Menschen, sondern ihre Urteile und Meinungen über sie." (Epiktet (5)) Auch unsere Einstellungen, die wir im Laufe unseres Lebens erlernen, fungieren für uns als Zielstruktur, als Normen, mit dem Rang allein richtiger universeller "Wahrheiten" (vergl. Sherif & Sherif 1967, Snyder 1982, Fazio 1990) Wir erwarten daher, dass sich auch andere Menschen gemäß diesen unseren Normen verhalten (Tajfel 1969). Andere Menschen sind für uns nur dann "akzeptabel", wenn sie diesen unseren eigenen Wahrheiten entsprechen. Wenn wir andere Menschen beobachten und erleben, dass sich ihr Verhalten nicht mit unseren Normen verträgt, stellen wir daher grundsätzlich nicht unsere eigenen Normen infrage, sondern das Verhalten der andern (vergl. Kelley 1973, Ross & Fletcher 1985, Heckhausen 1989).

Beispiel:
Einstellung / Norm / Werturteil als universelle Wahrheit (Schublade):
Menschen sollen moralisch gut handeln!

universelle Bewertungsregel zur Anwendung der Norm:
Wer lügt, ist ein amoralischer Mensch, denn ein Lügner trägt nicht zur Befriedigung meiner Bedürfnisse bei. Im Gegenteil, er löst ein Bedürfnisdefizit in mir aus!

daraus abgeleitete spezifische Wahrheit (Schublade):
Frau XX hat mich gestern angelogen. Das taugt nicht zur Befriedigung meiner Bedürfnisse. Im Gegenteil, sie löst ein Bedürfnisdefizit in mir aus!

und Einordnung von Frau XX in eine allgemeine Schublade:
<u>Frau XX ist ein schlechter Mensch!</u>

Interindividueller Vergleich (Vergleich zwischen Frau XX und mir selber, dem Edlen und Guten!):
Frau XX ist moralisch schlechter als ich!

mit Auswirkungen auf die Einstellung:
Ich brauche keine Beziehung zu Frau XX, da so eine Lügnerin keine Bedürfnisbefriedigung für mich bringen kann, sondern Bedürfnisdefizite in mir auslöst!

mit Auswirkungen auf das eigene Verhalten:
Ich gebe mich nicht (mehr) mit Frau XX ab.

Über die Erfahrungen, die wir mit anderen Menschen machen, entstehen in uns langfristig wirkende Images zu diesen Menschen. Die Menschen, deren Fehler wir sehen, bewerten wir allzu leicht als unmoralisch oder inkompetent und damit uns unterlegen, und diejenigen, bei denen wir keine Fehler sehen, halten wir für moralisch oder kompetent und uns ebenbürtig oder überlegen. Nur Letztere befinden wir einer Kooperation für würdig. Wer ist schon gerne in Gesellschaft von "schlimmen Menschen" oder von Versagern?
Doch wie sicher sind diese unsere universellen Wahrheiten und Images, vor deren Hintergrund wir jede konkrete Situation beurteilen? Wägen wir immer gründlich und neutral ab, um zu einer Meinung über einen Menschen zu kommen? Wohl eher nicht, und das aus drei Gründen.

Zum einen strebt der Effizienztrieb an, Ziele mit möglichst wenig Energieaufwand zu erreichen. Das führt dazu, dass wir gerne auf das energieaufwändige, bewusste Sammeln von Informationen zum Zweck der gründlichen Beurteilung anderer verzichten. Wir streben nach einfachen Antworten.
Zum andern führt ein hypertropher Geltungstrieb - ich erkenne sofort, wen ich vor mir habe - gerne zu dem Bewusstsein, über genügend "Erfahrung" mit Menschen, Arbeits- oder Lebenssituationen zu verfügen, um diese sofort, eindeutig und fehlerfrei genau zuordnen zu können.

Ist die "Wahrheit" erkannt, ist jemand in eine Schublade eingepackt, werden alle neu hinzukommenden Informationen selbstwertdienlich so gefiltert, dass das bestehende Urteil verstärkt wird, weil nicht sein kann, was nicht sein darf! Und so kommt es, das auch in ganzen Unternehmen Halbwahrheiten zum Maß der Dinge werden. Das Ergebnis ist Betriebsblindheit, da die einmal als richtig erkannten "Wahrheiten" nicht mehr infrage gestellt werden (dürfen).

Die dritte Ursache für falsche Eindrücke ist die, dass unser Radarsystem, unsere Sinne, über die wir die Umwelt wahrnehmen, getäuscht werden können.
Wenn uns jemand anlächelt, identifizieren unsere Sinne Zeichen des Friedens an seiner Oberfläche und verallgemeinern messerscharf: Dieser Mensch **ist** ein freundlicher und netter Mensch, der Kooperation mit mir sucht. Was der Mensch im Inneren wirklich von uns denkt, kann durch unseren Radarschirm nicht erfasst werden.
Das ist die Chance für alle Betrüger: Was aussieht wie jemand, der freundliche Absichten hat, ist nicht immer ein Freund, aber wir merken es nicht.
Unsere "Wahrheiten" können Wahrheiten sein, müssen es aber nicht!

Die Auswirkungen situativer Faktoren
Weitere Einflussfaktoren auf unsere Entscheidungen ergeben sich aus **der momentanen Einbindung in die konkrete Situation.** Dabei spielen vor allem der jetzt gerade herrschende Zustand der Trieb- und Bedürfnisstruktur, die Ziele, die wir jetzt gerade verfolgen, sowie die Intensität, mit der wir dies tun, eine wichtige Rolle. Ob wir gerade müde, erschöpft, frustriert durch Arbeitsüberlastung oder momentan ausgeruht, wach und gut gelaunt sind, hat sehr unterschiedliche Auswirkungen auf die Wahrnehmung der Umwelt. Sind wir jetzt gerade müde oder frustriert,

genügt vielleicht nur der berühmte Tropfen, der das Fass zum Überlaufen bringt, während uns in ausgeruhtem Zustand nichts aus der Ruhe bringt. Das hat zur Folge, dass die Auswirkungen des gleichen Umweltzustandes beim gleichen Menschen in Abhängigkeit davon, in welcher Situation er gerade steckt, unterschiedliche Reaktionen hervorrufen können. Wir bewerten Menschen mit sehr ungleichmäßigem Verhalten als eher "launisch".

Sind Menschen gerade mit hohem Energieeinsatz = hoher Intensität dabei, ihnen wichtige Ziele zu verfolgen, reagieren sie auf denselben Umweltzustand anders, als würden sie gerade keine wichtigen eigenen Ziele verfolgen.

Jede unerwartete Unterbrechung unserer geplanten Handlungen wird als Störung bewertet, die mit unerwünschtem Energieaufwand verbunden ist. Sie führt in der Regel zu einem Bedürfnisdefizit. Je unsensibler wir uns also gegenüber den Zielen und Wünschen anderer Menschen verhalten, umso eher provozieren wir bei den anderen heftige Reaktionen der Reaktanz.

Stufe 3 Bewertung - spürbar in Gefühlen und Erregung
Vor diesem Hintergrund bewerten wir nun in Sekundenbruchteilen (vergl. auch Heider 1958, Schulz v. Thun 1981) die Situation. Und egal in welcher Umweltsituation wir stecken, die Amygdala erstellt sofort einen Soll-Ist-Vergleich, dessen Ergebnis wir unmittelbar in mehr oder weniger heftigen Gefühlen verspüren, den Indikatoren unserer Bedürfnisstruktur. Diese Gefühle werden von mehr oder weniger heftigen Erregungszuständen begleitet, die ebenfalls durch die Amygdala ausgelöst werden und die uns zu einem bestimmten Handeln drängen wollen.

Wir spüren nur dann keine nennenswerten Gefühle und Erregungen, wenn uns Situationen entweder nicht betreffen, oder, wenn sie uns betreffen, zu keiner nennenswerten Bedürfnisbefriedigung bzw. zu keinem nennenswertem Bedürfnisdefizit führen. Diesen Situationen stehen wir in der Regel gleichgültig gegenüber, wir bleiben passiv. Nichts drängt uns dazu, aktiv zu werden.

Die Erregung geht mit schnellerem Puls, tieferer Atmung und Umverteilung des Blutes in die Muskulatur einher. Diese physiologischen Veränderungen machen den Körper schlagartig einsatzbereit, schalten ihn quasi aus dem Energiesparmodus in den Aktivmodus hoch und wollen ganz mechanistisch sofortige Verhaltensweisen auslösen, mit denen die "geortete" Bedürfnisbefriedigung gesichert oder das Bedürfnisdefizit abgewendet oder zumindest reduziert werden soll.

Im Zustand heftiger Erregung sind wir also augenblicklich körperlich einsatzbereit, beispielsweise zur Flucht vor einem überlegenen Gegner, zum Angriff auf unterlegene Gegner oder zu Jubelarien nach einem Sieg.

Bis zu dem Moment, in dem wir die Gefühle spüren, ist alles in Bruchteilen von Sekunden unbewusst, passiv und vollautomatisch in der Amygdala abgelaufen, also ohne jede Möglichkeit der Steuerung! Es kann auch vollautomatisch mit einer Reaktion der Amygdala weitergehen, muss es aber nicht. Wir können den Verstand aktiv einschalten und zu einem nach unserer Meinung relativ geplanten Verhalten kommen (vergl. Ajzen 1991).

Stufe 4 Prüfung der Dominanz der Situation - Auswahl der Aktionsform
Im nächsten Schritt wird geklärt:
Kann ich mir auf effiziente Weise die Bedürfnisbefriedigung sichern / das Bedürfnisdefizit abwehren?

Bei subjektiv erlebter oder erwarteter Bedürfnisbefriedigung erweckt die Amygdala in uns sofort einen individuell durchaus unterschiedlich heftigen Willen, die Bedürfnisbefriedigung zu sichern bzw. Bedürfnisdefizite abzuwehren. Ihre Entscheidung übermittelt sie in Erregungsimpulsen an den PFC. Dort angekommen wird uns unsere Stimmungslage nun bewusst. Und je nachdem, ob wir nun Bedürfnisdefizite oder Bedürfnisbefriedigung spüren, haben wir die Möglichkeit, aus einem Set möglicher Strategien diejenige auswählen, von der wir uns das effiziente Erreichen des Ziels versprechen (siehe auch Fishbein & Ajzen 1975).
Die Wahl der Strategie selbst erfolgt in Abhängigkeit vom Gefühl der Dominanz der Situation sowie in Abhängigkeit von der Ausprägung des persönlichen Normen- und Wertesystems bzw. aus den sich daraus ergebenden Einstellungen (vergl. auch Snyder 1982, Fazio 1990).
Je mehr ich mich **dominierend** fühle und je größer mein Überschuss an Ressourcen ist, umso selbstbewusster kann ich agieren und meine Strategie selbst bestimmen (vergl. Bandura 1986).

Zwischen zwei Menschen muss die Beziehung positiv sein, getragen zumindest von Achtung und wirklichem gegenseitigem Respekt, wenn sie gemeinsam dauerhaft zusammenarbeiten wollen oder sollen. Kommt noch ein wenig Zuneigung im Sinne von "sich mögen" hinzu, sind alle Voraussetzungen zur Zusammenarbeit optimal erfüllt. Was tut man nicht alles für einen Menschen, den man liebt!? Je weniger die Beziehung positiv ist, umso mehr stehen Dominanzstreben und allgemeine Botschaften im Vordergrund, die den negativen Beziehungsaspekt verdeutlichen. Nichts tut man für einen Menschen, den man hasst!

Stufe 5 Lernen aus den Folgen (vergl. Bandura 1986)
Erfolgt eine Aktion oder Reaktion, wird gleichzeitig ein **Lernprogramm aktiviert.** Dieses zeichnet sofort auf, welches Ergebnis unser Handeln erbringt: **Ein Soll-Ist-Vergleich wird bezüglich der Auswirkungen auf die Bedürfnisstruktur gezogen**.
Dabei wird bewertet, inwieweit die eigenen Reaktionen auf den Umweltzustand die von uns erwarteten Wirkungen ausgelöst haben und inwieweit die erwarteten Auswirkungen auf unsere Bedürfnisstruktur in welchem Ausmaß erfolgt sind. Waren wir erfolgreich, können wir unser Handlungsmuster für gleiche Situationen, die vorwiegend im Frontallappen gespeichert sind, beibehalten. Das Schubladendenken wird im Guten wie im Bösen verstärkt. Wenn nicht, müssen wir uns neue Muster überlegen. *Dieses soziale Lernen hat mit dem Lernen in der Schule nichts zu tun, weil es über andere Verbindungen im Gehirn läuft.*

Rekapitulieren wir:
Alle Impulse aus der Umwelt, die von unseren Sinnen, als unserem Radarschirm, geortet werden, unterliegen einer Spontanverarbeitung. Diese ist uns angeboren. Sie ist pausenlos aktiv.
Spontanverarbeitung bedeutet, dass Impulse / Reize aus der Umwelt über einen nicht steuerbaren Reiz-Reaktions-Mechanismus unter dem ausschließlichen Kriterium ihrer subjektiven (wahrscheinlichen) Auswirkungen auf die persönliche, momentan ausgebildete Bedürfnisstruktur verarbeitet werden. Die subjektiv vermuteten Auswirkungen auf die eigene Bedürfnisstruktur werden sofort über Gefühle und Erregungszustände angezeigt. Die Heftigkeit negativer Gefühle zeigt die Stärke der drohenden oder bereits eingetretenen Bedürfnisdefizite an. Die Heftigkeit positiver Gefühle zeigt die Stärke der erwarteten oder eingetretenen Bedürfnisbefriedigung an. Ein Drang zu spontanen, relativ unreflektierten Aktionen / Reaktionen entsteht, um Bedürfnisdefizite abzuwehren oder Bedürfnisbefriedigung zu realisieren.
Über welche Strategien wir uns Bedürfnisbefriedigung sichern und Bedürfnisdefizite abwehren, hängt entscheidend von unserem Normen- und Wertesystem sowie dem Gefühl der Dominanz der Situation ab. Unter dem Einfluss eines egozentrierten Wertesystems besteht eine

Spontanneigung, ausschließlich destruktive Aktionen zur Abwehr oder Reduzierung der Bedürfnisdefizite wie auch zur Sicherung eigener Bedürfnisbefriedigung ohne Rücksicht auf die Interessen anderer zu entwickeln! Je stärker die Auswirkungen auf die Bedürfnisstruktur empfunden werden, desto mehr sind bei diesem Prozess die eigenen geistigen Fähigkeiten zur Auflösung der Situation eingeschränkt.

Wir sind nicht in der Lage, diese Spontanverarbeitung willentlich zu beeinflussen. Und wir sind nicht in der Lage, im Zustand der Spontanverarbeitung die berechtigten Bedürfnisse anderer Menschen zu berücksichtigen! Völlig einseitig sind nur die eigene Bedürfnisbefriedigung / die Abwehr eigener Bedürfnisdefizite Kriterien des Handelns.

Passive Spontanverarbeitung

Wir erleben Spontanverarbeitung auch dann, wenn wir selber nicht aktiv an einer Situation beteiligt sind. Nachfolgend finden Sie ein Beispiel für Spontanverarbeitung auch rein passiver Art.

Umweltsituation	Spontanverarbeitung	Eigene Situation
Der Chef kommt zum Wochenmeeting.	▸ Kann ich diesen Umweltzustand identifizieren?	Ja; der Chef ist erkennbar wütend!
Er wendet sich an Frau Huber, die neben mir sitzt ...	▸ Betrifft mich dieser Umweltzustand?	**Indirekt** ja, denn Frau Huber ist Teil des Teams.
	▸ Interessiert an den Folgen?	Ja
	▸ Hinwendung zur Situation	**Da bin ich aber neugierig, was los ist!**
... und verpasst ihr vor dem versammelten Kollegium einen riesigen Anpfiff.	▸ Taugt diese Situation zur Erreichung meiner Ziele, zur Befriedigung meiner Bedürfnisse?	**Ja - endlich macht der Chef dieses unmögliche Weib mal so richtig zur Schnecke!**
	Soll-Ist-Vergleich durchführen!	Eigene Bedürfnisbefriedigung ist eingetreten! *Ein positives Gefühl der Schadenfreude hat sich eingestellt!*

So kann auch rein passiv ein Bedürfnis befriedigt werden. Das klappt auch, wenn Kollegen Fehler machen ...!

6 Selbstverwirklichung in sozialer Verantwortung - das Menschenprogramm

Niemand ist zufällig gut, die Tugend muss erlernt werden.
Seneca (4v. - 65 n. Chr.)

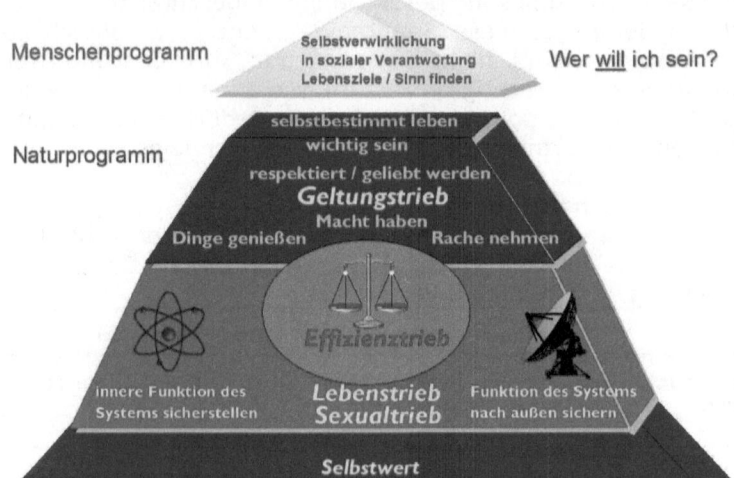

Wir haben oben gesagt, dass die Funktion unseres Naturprogramms vergleichbar ist mit der Funktion des Gefälles einer Landschaft für einen Fluss: Der Fluss folgt gerne und ohne Mühe dem Gefälle. Wenn wir in gleicher Weise immer nur unseren Trieben folgen, bleiben sie für uns gleichzeitig der bestimmende und der limitierende Faktor des Handelns. Wenn man sich nicht dem Naturprogramm ergeben will, muss man bewusst Gegenstrategien gegen sein Strebungen erarbeiten und einüben um sich so einigermaßen von dem Naturprogramm zu emanzipieren. Nur wenn Werte gelehrt und geübt werden, werden auch keine Werte gelebt.

Das kann partiell gelingen, wenn wir lernen, bewusst Verantwortung für unser eigenes Handeln zu übernehmen, besonders dann, wenn unser Verhalten Einfluss auf andere Menschen nimmt. **Sozialkompetenz ist die Fähigkeit, Beziehungen aktiv positiv zu gestalten**. Um diese Fähigkeit hoch zu entwickeln, müssen wir uns bestimmte Denkstrukturen und Verhaltensmuster anerziehen, ein **Menschenprogramm**, das sehr oft im Gegensatz zum Naturprogramm steht, insbesondere oft in Opposition zum Geltungstrieb. Wir müssen lernen gegen den Strom des Naturprogramms zu schwimmen, eine Sache des Wollens und Willens!

Über Persönlichkeitsentwicklung sein Glück finden

"Mein Sohn, wenn du bereit bist, kannst du weise werden, und wenn du aufmerkst, kannst du Klugheit lernen." Jesus Sirach 6.32.

Grundsätzlich hat es jeder Mensch selbst in der Hand, sinnhafte, sozial verträgliche Lebensziele auszuwählen und sich Regeln und Vorgehensweisen zu definieren, über die er sein Lebensglück erreichen will. Das eigene Lebensglück muss sich nicht notwendigerweise an eigener unkontrollierter, hemmungsloser Bedürfnisbefriedigung ausrichten.

Aristoteles glaubte an drei Formen des Glücks über ein Leben der Lust und der Vergnügungen, ein Leben als Forscher und Philosoph und ein Leben als verantwortlicher Bürger. Er forderte, alle drei Formen miteinander zu vereinen, jedoch keines extrem zu leben, sondern einen goldenen Mittelweg zu finden (Aristoteles Nikomachische Ethik).

Diese Erkenntnis ist auch heute nicht falsch!
Ein Leben der Lust in Maßen kann durchaus zu heftigster Bedürfnisbefriedigung führen, was in Glücksmomenten erlebt wird. Das haben wir in der positiven primären Motivation kennen gelernt. So gesehen spricht nichts gegen die erste These des Aristoteles.

Folgt man ihm weiter, kann man auch Glück erfahren, indem man seine Fähigkeiten und Potenziale ausbildet, was im alten Griechenland wohl ein Dasein als Forscher und Philosoph ermöglichte, da die Arbeit von den Sklaven erledigt wurde. Andererseits befriedigt das Gefühl, seine Arbeit gut zu machen, ausgeprägt den eigenen Geltungstrieb. Er erfährt nachhaltige Befriedigung, die in Zufriedenheit und Lebensglück erspürt wird (auch bei Platon, Rheinberg 2002).

Der dritte Punkt, ein Leben als "verantwortlicher Bürger" zu führen, setzt voraus, dass wir unsere Persönlichkeit so ausbilden, dass wir von unseren Mitbürgern als Quelle ihrer Bedürfnisbefriedigung identifiziert werden.
Und Hand aufs Herz: Sind tiefe, ehrliche Freundschaften, enge kooperative, auf tiefem Vertrauen oder sogar auf Liebe gründende Partnerschaften nicht etwas Beglückendes? So sehr wir uns in schlechten Beziehungen unglücklich fühlen, so glücklich sind wir in Beziehungen, die stimmig sind (siehe auch Buss 2000).

Als die drei wesentlichen Faktoren, die Einfluss auf die Persönlichkeit eines Menschen nehmen, sehen wir:
Das Selbstwertgefühl, das positiv und mit viel Selbstvertrauen ausgestattet oder negativ und mit Minderwertigkeitskomplexen beladen sein kann.
Das Werte- und Normensystem, das egozentriert, also rein auf sich und seine Bedürfnisse fixiert, oder partnerschaftlich ausgeprägt sein kann.
Die Fähigkeit zur Eigenaktivierung. Viele Menschen haben gute Vorsätze und sie wollen diese Vorsätze auch umsetzen. Aber es bleibt zu oft bei Vorsätzen.

Entwicklung eines positiven Selbstwertgefühls
Um ein starkes und positives Selbstwertgefühl aufzubauen, das andere Menschen jedoch nicht (über Gebühr) einengt oder gar erdrückt, bedarf es einer wichtigen Voraussetzung: **Erkenne (und akzeptiere) dich selbst (gnóthi seautón),** Inschrift am Tempel des Apollo in Delphi.

"Der Beginn des Heils ist die Erkenntnis des Fehlers." Epikur (341-271 v. Chr.) Hören Sie auf, wenn Sie es jemals denn getan haben, von sich selbstwertdienlich zu glauben, unfehlbar und besser zu sein als der ganze Rest. Diese Einstellung bezeugt nur die Unfähigkeit zu Selbstanalyse!
Halten Sie sich nicht für unersetzlich. Diese Einstellung bezeugt mangelnden Respekt vor der Leistungsfähigkeit anderer.
Je selbstwertdienlicher die Verzerrungen der Realität sind, umso mehr verhindern sie eine sozialverträgliche Entwicklung der Persönlichkeit.

Es gibt kein Versagen - es gibt nur Ergebnisse!
Hören Sie aber auch auf, wenn Sie es jemals denn getan haben, in den Wertungskategorien "Versager" (macht Fehler) - "Superman" (macht gute Arbeit) zu denken. Niemals sind Sie ein Versager!
"Ein Ungebildeter pflegt seinen Mitmenschen vorzuwerfen, dass es ihm schlecht geht. Ein Anfänger in der philosophischen Bildung macht sich selbst Vorwürfe. Der wirklich Gebildete schiebt die Schuld weder auf einen anderen noch auf sich selbst." (Epiktet Encheiridion (5))

Sie sind ein wichtiger und einzigartiger Teil der Gesellschaft und dürfen, wie jeder andere Mensch auch, dennoch suboptimale Leistungen bringen! Selbstmobbing durch Selbstanklagen, Versagensvorwürfe - nichts dergleichen ist gerechtfertigt, wenn Sie sich angestrengt haben, das Ergebnis jedoch unter Ihren Erwartungen bleibt!

Wenn Sie eine Aufgabe suboptimal abgeschlossen haben, analysieren Sie, woran es gelegen hat, und ziehen Sie objektiv Ihre Lehren daraus, und sonst nichts! Stehen Sie mit beiden Beinen im Leben. Aber konzentrieren Sie sich bitte nicht auf das, was Sie als Schwäche ansehen, sondern konzentrieren Sie sich auf Ihre Stärken!

Entwickeln Sie Ihr Selbstwertgefühl so weit, dass Sie vom Denken und Handeln anderer unabhängig werden. Dazu ist es nicht unbedingt erforderlich, dass Sie auch vor dem Denken anderer bestehen müssen. Sie sollten für sich selbst das Maß der Dinge sein. Definieren Sie für sich selbst sozial verträgliche Qualitäten!
„Habe Mut, dich deines eigenen Verstandes zu bedienen." Kant (1724 - 1804)
Warum gehen Menschen auch heute noch in ein Kloster, und warum legen sie freiwillig die Gelübde der Armut, des Gehorsams und der Keuschheit ab, Ziele, die in krassem Widerspruch zu unserem Naturprogramm stehen?
Weil sie sich selbst Lebensziele setzen, die für sie selbst wichtig sind und über die sie ihr Lebensglück erreichen werden.

"Wenn du Fortschritte machen willst, dann halte es aus, dass man dich wegen äußerer Dinge für töricht und einfältig hält, und habe auch nicht den Wunsch, den Anschein zu erwecken, etwas zu verstehen, und wenn andere es von dir glauben, misstraue dir selbst. Denn sei dir darüber im Klaren, dass es nicht leicht ist, seiner moralischen Entscheidung, durch die man sich in Übereinstimmung mit der menschlichen Vernunftnatur befindet, treu zu bleiben und zugleich die äußeren Dinge zu berücksichtigen. Es gibt vielmehr nur ein Entweder-Oder: Wer sich um das eine kümmert, muss das andere vernachlässigen." (Epiktet Encheiridion (13))

Es bedarf genauer Überlegung, was man für sich selbst im Leben erreichen will und muss, um sich glücklich und zufrieden zu fühlen. Sein Lebensglück zu finden heißt, seinen persönlichen Lebensweg zu finden und zu akzeptieren.

"Eine Sitte (ein Handeln) muss vor meinem Denken bestehen können." Sokrates (469 - 399 v. Chr.)
In den Spiegel schauen zu können, kann tief beglückend sein!

Entwicklung eines partnerschaftlichen Wertesystems
"Die Freiheit besteht darin, dass man alles das tun kann, was einem anderen nicht schadet." Matthias Claudius (1740 - 1815)

Der zweite entscheidende Faktor der Persönlichkeitsentwicklung ist der Aufbau eines partnerschaftlichen Wertesystems als Voraussetzung für die Entwicklung von Sozialkompetenz. Sozialkompetenz ist die Fähigkeit, Beziehungen bewusst aktiv und positiv zu gestalten. Das bedeutet, sich die Fähigkeit anzuerziehen, bei eigenem Tun und Handeln die Bedürfnisse anderer Menschen (fast) gleichgewichtig zu den eigenen Bedürfnissen zu beachten. Fast! Wir werden es wahrscheinlich, auch bei gutem Willen, nicht schaffen, Heilige zu werden!

Warum ist die Übernahme sozialer Verantwortung durch jedes Glied einer Gemeinschaft so wichtig? Aristoteles erkannte bereits, dass jeder Mensch Teil eines Gemeinwesens ist, der durch jede einzelne seiner Entscheidungen, die Auswirkungen auf andere Menschen haben, dieses Gemeinwesen mitgestaltet, ob er will oder nicht. Es liegt also an jedem Einzelnen selbst, sich als wichtiger, mitgestaltender Teil des Gemeinwesens zu verstehen und deshalb Verantwortung für sein Handeln zu übernehmen.
Wie können wir soziale Verantwortung übernehmen? Bereits bei Jesus Sirach (etwa 175 v.Ch.) finden wir: "Achte deinen Nächsten wie dich selbst, und überleg dir alles, was du selber hassest."(Jesus Sirach 31.15) Die Qualität der zwischenmenschlichen Beziehungen in einem Gemeinwesen ergibt sich aus der Qualität des Umgangs jedes Einzelnen mit den anderen Menschen des Gemeinwesens.
Kant (1724 - 1804) führte diese Erkenntnis ins Allgemeine fort. Er setzte, wie Aristoteles, auf die Vernunft des Menschen, der die Folgen seiner Handlungen vernünftig abschätzen kann, wenn er bereit ist, über sein Handeln nachzudenken. Vor diesem Hintergrund postulierte er seinen kategorischen Imperativ: „Handle nur nach derjenigen Maxime, durch die du zugleich wollen kannst, dass sie ein allgemeines Gesetz werde." (Kant GMS 52 (ALS ANLAGE IV 421)
Dieser Satz schließt ein: Nutze andere Menschen nicht (in erster Linie) aus. Sie dürfen dir niemals (primär) als "Mittel zum Zweck" dienen (Kant GMS 52 (ALS ANLAGE A IV 429). Entwickle deine Fähigkeiten und Kompetenzen so, dass du dich zu einer das Gemeinwohl erkennenden und Verantwortung für das Gemeinwohl übernehmenden Persönlichkeit entwickelst. Aber auch: Du selbst bist und bleibst wichtig. Lass dich daher

nicht von anderen beherrschen. Ehrlich: In welchem Umfang übernehmen Sie Verantwortung für Ihr Tun in den jeweiligen Gemeinschaften - Familie, Beruf, Verein -, in denen Sie leben? Wie verhalten Sie sich im Umgang mit anderen Menschen? Gehen Sie doch bitte ehrlich und ohne Beschönigungsversuche die nachfolgenden Doppelreihen an Verhaltensweisen durch, und prüfen Sie selbst, wo Sie stehen:

Ich möchte von andern Menschen ...	ja	nein	denn ich verhalte mich gegenüber anderen auch ...	ja	nein
geachtet und respektiert werden			*immer* voller Achtung und Respekt		
Aufrichtigkeit und Ehrlichkeit			*immer* aufrichtig und ehrlich		
Ruhe und Ausgeglichenheit			*immer* ruhig und ausgeglichen		
Hilfsbereitschaft und Unterstützung, wenn ich nicht weiterweiß			*immer* hilfsbereit und gewähre stets jedem Unterstützung, wenn er nicht weiterweiß		
Berechenbarkeit ohne Launenhaftigkeit			*immer* berechenbar und ohne Launen		
Anerkennung für gute Leistungen			Ich erkenne andere Leistungen *immer* an		
dass sie mir persönliches Fehlverhalten verzeihen			Ich verzeihe *immer* jeden Fehler		
dass sie nicht nachtragend sind			Ich bin **niemals** nachtragend		
dass sie nichts Schlechtes über mich reden			Ich rede **niemals** Schlechtes über andere		

Am Vergleich der "nein"-Antworten auf beiden Seiten sehen Sie den Unterschied zwischen dem, was Sie für sich selbst erwarten, und dem, was Sie für andere tun!

Das Naturprogramm kontrollieren

Nun wissen Sie, wo Ihre persönlichen Reserven bezüglich der Entwicklung Ihres partnerschaftlichen Wertesystems stecken.

Verinnerlichen Sie: Erziehen sollten wir uns vorrangig dazu, auch in sozial kritischen Situationen überlegen reagieren zu können. Sich selbst zu erziehen heißt, sich bewusst sozial verträgliche Verhaltensmuster zu schaffen, die in den Hirnstrukturen abrufbar gespeichert werden.

So schaffen Sie es, ruhig und überlegt zu reagieren, wenn andere Sie aufregen:"Sei dir dessen bewusst, dass dich derjenige nicht verletzen kann, der dich beschimpft oder schlägt; es ist vielmehr deine Meinung, dass diese Leute dich verletzen. Wenn dich also jemand reizt, dann wisse, dass es deine eigene Auffassung ist, die dich gereizt hat. Deshalb versuche vor allem, dich von deinem ersten Eindruck nicht hinreißen zu lassen. Denn wenn du dir Zeit zum Nachdenken nimmst, dann wirst du die Dinge leichter in den Griff bekommen." (Epiktet Encheiridion (20))

Im Übrigen: Sie billigen sich selbst zu, fehlbar sein zu dürfen? Das gleiche Recht haben andere auch! Lernen Sie daher, mit Ihrer Spontanverarbeitung umzugehen!

Es gibt "Ratgeber", die dazu raten, "zu seinen Gefühlen zu stehen und sie auszuleben". Genau genommen gibt es jedoch gar keine Verarbeitung von Gefühlen, sondern nur die Verarbeitung von Situationen, in denen unsere Spontanverarbeitung (vermeintlich) Bedürfnisdefizite findet, die ihrerseits durch negative Gefühle angezeigt werden. Ist es daher nicht grundsätzlich eine sehr egoistische Art, wenn ein Mensch andere Menschen zum Zweck der Verarbeitung von eigenen Bedürfnisdefiziten benutzt?

Gefühle im Sinne solcher Ratgeber auszuleben bedeutet im Zweifel, Situationen zu verschärfen. Was nutzt es, wenn wir wütend sind und in diesem Zustand unsere Partner anschreien? Haben wir ein Anrecht, unsere Gefühle auf Kosten anderer ausleben? Vernunft und Besonnenheit des Denkens stellen sich jedoch gerade in beziehungskritischen Situationen - das sind alle Situationen, in denen Bedürfnisdefizite bei zumindest einem der Beteiligten entstehen können - niemals von selbst ein! Aber wir Menschen haben ausreichend kognitive Fähigkeiten, um unsere Spontanverarbeitung so zu lenken, dass wir Impulse aus der Umwelt bewusst zur rationalen Verarbeitung bringen können. Das erfordert jedoch Kraft, also einen Energieaufwand und viel

Konzentration. Aber nur wer gegen den Strom schwimmt, kommt an der Quelle an (chinesisches Sprichwort). Um in einer beziehungskritischen Situation die Kontrolle über uns selbst und die Situation zu behalten, müssen wir uns aus der negativen amygdalagesteuerten Spontanverarbeitung lösen, indem wir bewusst Verantwortung für die Situation übernehmen, damit wir nicht emotional unkontrolliert entgleisen. Dazu müssen wir zwingend den Verstand einschalten, um so eine Selbstkonditionierung durchführen zu können, deren Zweck es ist, den Partner als Mensch zu akzeptieren.

Im Übrigen sollten wir nicht übersehen, dass Selbstbeherrschung, im wahrsten Sinne des Wortes, eine Herrschaft über sich selbst ist, die dazu führt, durch Verzicht auf kurzfristige egoistische Bedürfnisbefriedigung eine langfristige Bedürfnisbefriedigung zu erreichen, wie nachfolgender Vergleich zeigt.

Verhalten nach dem Naturprogramm:

Situation	Kurzfristige Bedürfnisbefriedigung	Langfristiges Bedürfnisdefizit
Ein Kollege ist schlecht drauf und meckert Sie an.	Ihr Geltungstrieb ist beleidigt. **Sie verbitten sich daher dieses Verhalten in energischem Ton!** Der Geltungstrieb ist beruhigt!	Folge: Der Kollege ist noch mehr verärgert und spricht nicht mehr mit Ihnen. Es bleibt etwas zwischen Ihnen und dem Kollegen stehen, das nicht ausgeräumt ist.

Verhalten nach dem Menschenprogramm:

Situation	Verzicht auf kurzfristige Bedürfnisbefriedigung	Langfristige Bedürfnisbefriedigung
Ein Kollege ist schlecht drauf und meckert Sie an.	Sie reagieren ruhig und ausgeglichen, denn er ist ein Mensch und **darf** nicht perfekt sein.	Folge: Der Kollege beruhigt sich wieder; morgen ist alles vergessen. Das Verhältnis bleibt in Ordnung.

Betrachten wir an einem Beispiel auf den folgenden Seiten den Unterschied ungebremst ablaufender amygdalagesteuerter emotionaler Entgleisung und die Technik der Selbstkonditionierung, um eine solche emotionale Entgleisung zu vermeiden.

Ablauf (von links nach rechts) ungebremster Spontanverarbeitung nach dem Naturprogramm:

Bemerken	Spontanverarbeitung setzt ein = Prüfung der Auswirkungen auf die eigene Bedürfnisstruktur	Auswirkungen auf die eigene Bedürfnisstruktur	Auswirkungen auf die eigenen geistigen Fähigkeiten als Ergebnis der Prüfung	(fast unreflektierte) Reaktionen auf das Ergebnis der Prüfung = Aktion
Ein Mensch hat einen Fehler gemacht.	Taugt das zur Befriedigung meiner Bedürfnisse? Nein!!!	**Bedürfnisdefizit wird realisiert - Ärger kommt hoch.**	Durch übergroße Erregungen kann der Frontallappen nicht voll funktionieren; die kognitiv-rationalen Fähigkeiten können sich nicht oder nur ungenügend entfalten.	Egozentriertes Verhalten bei eigener **Überlegenheit:** - schimpfen, "fertigmachen", verspotten, - autoritäre Bevormundung, - Sanktionen anwenden etc. Egozentriertes Verhalten bei eigener **Unterlegenheit:** - notgedrungene Zuwendung, - wegsehen = so tun, als habe man nichts bemerkt, um nicht reagieren zu müssen, - Ärger wird "in sich hineingefressen".

Ersatz ungebremster Spontanverarbeitung durch Rationalverarbeitung

"Bei allem, was dir passiert, denke daran, in dich zu gehen und dich zu fragen: «Welche Kraft hast du, um richtig darauf zu reagieren?»

... Erwartet dich eine schwere Anstrengung, so wird dein Gegenmittel Ausdauer sein, wird dir eine Beleidigung zuteil, so wirst du dich daran gewöhnt hast, werden dich die (falschen) Vorstellungen und Eindrücke nicht mehr beherrschen." (Epiktet Encheiridion (10))

Situation	Spontanverarbeitung setzt ein = Prüfung der Auswirkungen auf die eigene Bedürfnisstruktur	Umschalten in aktives, bewusstes Denken!	Auswirkungen auf die eigene Bedürfnisstruktur	Auswirkungen auf die eigenen geistigen Fähigkeiten	Aktion
Ein Mensch hat einen Fehler gemacht.	Taugt das zur Befriedigung meiner Bedürfnisse? Nein!!! - Aber ich kann damit umgehen!	**Mein Partner hat einen Fehler gemacht, aber er darf das, und ich kann damit umgehen!** **Ich behalte mich unter Kontrolle. Ich achte seine Würde auf jeden Fall!** Und weiter: *Was ist rein sachlich zu veranlassen?*	Durch dieses Denken wird Ihr Geltungstrieb befriedigt. - **Sie erleben sich als edlen und guten Menschen!** - **Der Ärger legt sich!**	Ihre geistigen Fähigkeiten bleiben auf Normalmaß / erholen sich augenblicklich wieder auf Normalmaß. Wenn der Frontallappen voll funktionsfähig ist, haben Sie eine gute Chance, die Situation fair zu managen.	Kooperative oder coachende Verhaltensweisen.

Die Weisheit des Altertums

Eigentlich ist das, was wir im Menschenprogramm beschrieben haben, nichts Neues. Den Weg zu sich selbst, als den "Königsweg" des Menschen, finden wir bereits bei Jesus Sirach (etwa 175 v. Chr) sehr gut zusammengefasst:

"6.18. Mein Sohn, von deiner Jugend auf nimm Zucht an, und bis zum greisen Alter sollst du Weisheit ernten!
6.19. Nahe ihr gleichwie ein Pflüger und ein Schnitter, und harre auf den Reichtum ihrer Ernte! Du musst in ihrem Dienste ja nur kurz dich mühen und kannst schon morgen ihre Frucht genießen.
6.20. Rauh ist sie für den Toren zwar, der Einsichtslose kann sie nicht ertragen.
6.21. Sie liegt auf ihm gleichwie ein schwerer Stein, er zögert nicht, sie wegzuwerfen.
6.22. Denn Zucht ist, was ihr Name sagt, nicht vielen ist sie leicht erreichbar.
23....24....
6.25. So beuge deinen Nacken und ertrage sie und werde ihrer Stricke niemals überdrüssig!
6.26. Mit deinem ganzen Herzen tritt an sie heran, und halte ihre Wege ein mit deiner ganzen Kraft.
6.27. Frage nur und forsche, suche nur und finde, und hast du sie erfasst, dann lass sie nicht mehr los!
6.28. Denn schließlich wirst du Ruhe bei ihr finden, sie wird in Wonne sich für dich verwandeln!
6.29. Ihr Netz wird dir zu einer starken Burg, und ihre Schlingen werden goldene Gewänder.
6.30. Ein Diadem aus Gold ist dann ihr Joch, und ihre Stricke sind ein Purpurband.
6.31. Du kannst als Prachtgewand sie um dich legen, als Ruhmeskranz sie auf das Haupt dir setzen.
6.32. Mein Sohn, wenn du bereit bist, kannst du weise werden, und wenn du aufmerkst, kannst du Klugheit lernen."

Denken Sie immer daran:
Sozialkompetenz ist die Fähigkeit, Beziehungen aktiv erfolgreich zu gestalten. *In diesem Sinne - viel Erfolg bei der Suche nach Ihrem Lebensglück und bei der Arbeit an sich selbst!*

Literaturverzeichnis

Adams, J. S. (1965): Inequity in social exchange. In L. Berkowitz (Ed.), Advances in experimental social psychology; 2, (S. 267-299)

Alderfer, C. P.(1972): Existence, Relatedness, and Growth: Human Needs in Organizational Settings. New York

Alloy, L .B., & Abramson, L. Y. (1979): Judgment of contingency in depressed and nondepressed students: Sadder but wiser? Journal of Experimental Psychology: General, 108, (S. 441-485)

Ajzen, I. & Fishbein, M. (1980): Understanding attitudes and predicting social behavior. Enlewood Cliffs. New York

Ajzen, I. (1991): The theory of planned behavior. Some unresolved issues. Organizational Behavior and Human Decision Processes, 50, (S.179-211)

Asch, S. E.(1951): Effects of group pressure on the modification and distortion of jugements. In: Guetzkow, H. 8Hrsg.): Groups, Leadership and Men. Pittsburgh

Atkinson, J. W. (1957): Motivational determinants of risk-taking behavior. Psychological Review, 64, (S. 359–372)

Atkinson, J. M. & Heritage, J. (1984): Structures of Social Action. Studies in Conversational Analysis, Cambridge

Axelrod, R. (1995): Die Evolution der Kooperation, 3. Aufl., München-Wien

Bandura, A. (1977): Self-efficacy: Toward a unifying theory of behavioral change. Pyschological Review 84, (S. 191-215)

Bandura A. (1986): Social Foundations of Thought and Action: A Social Cognitive Theory. Englewood Cliffs, Ney York

Barret, J. C. & Marshall, J. (1969): The risk of conception on different days of the menstrual cycle. Population Studies, 23, (S. 455-461)

Baumeister, R. F. (1993): Self-esteem: the puzzle of low self-regard. New York

Baumeister, R. F. & Leary, M. R. (1995): The need to belong: Desire for interpersonal attachments as a fundamental human motivation. Psychological Bulletin, 117(3), (S. 497-529)

Bartlik, B., Kaplan, P. & Kaminetsky, J.(1999): Medications with the potential to enhance sexual responsivity in women. Psychiatric Annals. 28, (S.46-52)

Becker-Beck, U. (1997): Soziale Interaktion in Gruppen. Struktur- und Prozeßanalyse. Opladen

Bellis, M.A. & Baker, R.R (1991): Do females promote sperm competition? Data for humans. Animal Behaviour, 40, (S. 997-999)

Bem, D. J. & Allen, A. (1974): On predicting some of the people some of the time: The search for cross-situational consistencies in behavior. Psychological Review, 81, (S. 506-520)

Bem, D. J. (1999): Theorie der Selbstwahrnehmung. In: S.-H. Filipp: Selbstkonzept- Forschung: Probleme, Befunde, Perspektiven (S. 97 - 127). Stuttgart

Bentham, J. (1983): Deontology; A Table of the Springs of Action; The Article on Utilitarism. Collected Works. Herausgegeben von Amnon Goldworth. Oxford

Berscheid, E. & Walster, E. (1974): Physical Attractiveness. In L. Berkowitz (ed.,) Advances in Experimental Social Psychology. Vol. 7

Bischof, N. (1980): Biologie als Schicksal? In N. Bischof & H. Preuschoft (Hrsg.), Geschlechtsunterschiede: Entstehung und Entwicklung (S. 25-42). München

Blau, P. M. (1964): Exchange and power in social life. New York

Bradley, G. W. (1978): Self-serving biases in the attribution process: A reexamination of the fact or fiction question. Journal of Personality and Social Psychology, 36, (S. 56-71)

Brandtstädter, J. & Greve, W: (1994): The aging self: Stabilizing and protective processes. Developmental Review, 14, (S. 52-80.)

Brehm, J.W. (1966): A theory of psychological reactance. New York, London

Bromley, D.B. (1993): Reputation, Image and Impression Management. Chichester.

Buch der Sprüche (des Salomos 972-932 v.Chr.) entstanden ca 900-770 v. Chr.

Burger, J. M. (1981): Motivational biases in the attribution of responsibilitiy for an accident: A meta-analysis of the defensive-attribution hypothesis. Psychological bulletin, 90, (S. 496-512)

Burger, J. M. (1992): Desire for control. New York

Buss, D. M. (1989): Conflict Between the Sexes: Strategic Interferences and the Evolution of Anger and Upset. Journal of Personality and Social Psychology,38,5 (S. 733-747)

Buss, D. M., Larsen, R., Westen, D. & Semmelroth, J. (1992): Sex differences in jealousy: Evolution, Physiology, Psychology. Psychological Science, 3, 4, (S. 251-255)

Buss, D. M. & Schmitt, D. P. (1993): Sexual strategies theory: An Evolutionary Perspective on Human Mating. Psychological Review, 100, 2, (S. 204-232)

Buss, D. M., Shackelford, T.K.; Choe, J., Buunk, B.R., & Dijstra P. (2000): Distress about mating rivals. Personal Relationships,7, (S. 235-243)

Buss, D. M. (2000): The evolution of happiness. America Psychologist,55,1 (S.15-23)

Csikszentmihalyi, M. (1996): Creativity. Flow and the Psychology of Discovery and Invention. New York: Harper Collins

Csikszentmihalyi, M. (1998): Flow. Das Geheimnis des Glücks. - 6. Aufl. - Stuttgart

Comer, R. J. (1995): Klinische Psychologie. Spektrum Verlag. Heidelberg

Davis, S. R. (1999): The therapeutic use of androgens in women. The Jean Hailes Foundation, Clayton, Victoria, Australia. J Steroid Biochem Mol Biol, Apr-Jun; 69, (1-6), (S.177-184)

Daly, M. & Wilson, M. (1988): Homocide. Hawthorne, Nex York (S. 187). In Buss, D. M. & Schmitt, D. P. (1993): Sexual strategies theory: An Evolutionary Perspective on Human Mating. Psychological Review, 100, 2, (S. 204-232)

Darwin, C. (1871): The descent of man and selection in relation to sex. London: John Murray.

Davidson, R. J., Abercrombie, H.C., Nitschke, J. & Putnam, K. (1999): Regional brain function, emotion and disorders of emotion. Current Opinion in Neurobiology, 9, (S. 228-234)

Davidson, R. J., & Irwin, W. (1999): The functional neuroanatomy of emotion and affective style. Trends in Cognitive Neuroscience, 3, (S. 11-21)

Davidson, R. J. (2001): Toward a biology of personality and emotion. Annual New York Academie of Science, 935, (S. 191-207)

Davis S. R. et al. (1995): Testosterone enhances estradiol´s effect on postmenopausal bone density and sexuality Maturitas 1995; 21: (S. 227-236)

Dawkins, R. (1989): The Selfish Gene: Second Edition; Oxford

Dawkins, R (1996): Und es entsprang ein Fluß in Eden. Das Uhrwerk der Evolution. Aus dem Englischen von Sebastian Vogel. München

Deci, E. L. (1975): Intrinsic Motivation. New York

Deci, E. L. & Ryan, R. M. (1985): Intrinsic Motivation and Self-Determination in Human Behavior. New York

Dennerstein L., Shelly J., & Smith A. (1994): Australian mid-life study. Ballieres Obstetrics and gynecology: (S. 29-33). In Buss, D. M. & Schmitt, D. P. (1993): Sexual strategies theory: An Evolutionary Perspective on Human Mating. Psychological Review, 100, 2, (S. 204-232)

Dion, K. K, Berscheid, E., & Walster, E. (1972): What is beautiful is good. Journal of Personality and Social Psychology, 24,(S. 285-290)

Dunning, D. & Hayes, A. F. (1996): Evidence for egocentric comparison in social judgment. Journal of Personality and Social Psychology,71, (S. 213-229)

Dostojewski, M. F. (1873) „Eine der Heucheleien unserer Zeit", in: „Tagebuch eines Schriftstellers", zuerst erschienen in der Zeitschrift „Grashdanin" am 10. Dezember 1873.

Ekman, P. (1973): Darwin and facial expression: A century of research in review. New York

Eibl-Eibesfeldt, I.(1984): Krieg und Frieden aus der Sicht der Verhaltensforschung. München

Eibl-Eibesfeld, I. (1995): Die Biologie des menschlichen Verhaltens - Grundriß der Humanethologie (3. überarbeitete und erweiterte Aufl.) München

Fazio R. (1990): Multiple processes by which attitudes guide behavior: The MODE model as an integrative framework. In M. Zanna (Ed.) Advances in Experimental Social Psychology, vol 23, (S. 75-109). San Diego,

Festinger, L. (1957): A theory of Cognitive Dissonance. Stanford

Fiedler, K. (1996): Die Verarbeitung sozialer Informationen für Urteilsbildung und Entscheidungen. In W. Stroebe, M. Hewstone & G. M. Stephenson (Eds.) (1996). Sozialpsychologie (S. 143-175). Berlin

Fishbein, M. & Ajzen, I. (1980): Understanding Attitudes and Predicting Social Behaviour. Englewood Cliffs, NJ: Prentice-Hall.

Fisher, H. (1982): The Sex Contract: The Evolution of Human Behavior

Fisher, H. (1987): The four year itch. Natural History,10 (S.22-29). In Buss, D. M. & Schmitt, D. P. (1993): Sexual strategies theory: An Evolutionary Perspective on Human Mating. Psychological Review, 100, 2, (S. 204-232)

Fisher, H. (1992): Anatomy of Love: The Natural History of Monogamy, Adultery and Divorce

Fisher, H. (1999): The First Sex: The Natural Talents of Women and How They Are Changing the World

Flammer, A. (1990): Erfahrung der eigenen Wirksamkeit. Bern

Ford, C. S. & Beach, F .A. (1951): Patterns of sexual behavior. New York. In Buss, D. M. & Schmitt, D. P. (1993): Sexual strategies theory: An Evolutionary Perspective on Human Mating. Psychological Review, 100, 2, (S. 204-232)

Forschner, M (1994): Über das Glück des Menschen. Aristoteles, Epikur, Stoa, Thomas von Aquin, Kant. Darmstadt

Freud, S. (1992, Original 1915): Das Unbewußte. In S. Freud, Das Ich und das Es - Metapsychologische Schriften. Frankfurt/M

Grammer, K. (1993): Gesichter und Schönheit, Partnerwahl und sexuelle Selektion: ein Blick in die aktuelle Forschung. Nachtrag zu T. Landau: Von Angesicht zu Angesicht (S. 297-331). Heidelberg

Grammer, K. (1995): Signale der Liebe - Die biologischen Gesetze der Partnerschaft. München

Grammer, K. (1995): Explicit and implicit systems of power: the function and evolution of social status. In P. Wiesner & W. Schiefenhövel (eds) Food and the Status Quest. An Interdisciplinary Perspective. Oxford

Grammer, K., Atzmüller, M. & Kropil, A. (1999): Die Biologie der Sexualität: Partnerwahl und Menopause. Menopause Vol 3, (S.7-21)

Heckhausen, H. (1989): Motivation und Handeln (2. Aufl.). Berlin

Heckhausen, H. (1982): Motivationsmodelle: Fortschreitende Entfaltung und unbehobene Mängel; in: Kognitive und motivationale Aspekte der Handlung, (S.9-17); Hrsg. von Hacker, W.; Volpert, W. und von Cranach, M.; Bern, Stuttgart, Toronto

Heider, F. (1958): The psychology of interpersonal relations, New York

Herzberg, F., Mausner, B. & Snydermann, B. (1959): The Motivation to Work. New York

Higgins, E. T. (1987): Self-discrepancy: A theory relating self and affect. Psychological Review, 94(3), (S. 319-340)

Hinde, R. A. (1984): Why do the sexes behave differently in close relationships? Journal of Social and Personal Relationship, 1, (S. 471-501.)

Homans, G. C. (1958): Soziales Verhalten als Austausch. In: Heinz Hartmann (Hrsg.) (1977): Moderne amerikanische Soziologie.(S.173-185) Stuttgart

Janis, I. L. & Mann, L. (1977): Decision Making: A Psychological Analysis of Conflict, Choice, and Commitment. New York

Jevons, W. St. (4. A. dt. 1924, engl. 1911): Theorie der Lust- und Unlustgefühle, (S. 27-35) und Theorie des Nutzens, (S. 36-71). In: Die Theorie der Politischen Ökonomie. Jena

Jesus Sirach: Ecclesiasticus; abgefasst etwa um 180 v.Chr.

Kalin, N. H., Shelton, S. E., Davidson, R. J., & Kelley, A. E. (2001): The primate amygdala mediates acute fear but not the behavioral and physiological components of anxious temperament. Journal of Neuroscience, 21, (S.2067-2074)

Kant: Grundlegung zur Metaphysik der Sitten (GMS) 52 (AA IV)

Kelley, H. H. (1973): The process of causal attribution. American Psychologist, 28, (S. 107-128)

Kelley, H. H. (1979): Personal relationships: Their structures and processes. Hillsdale, New York

Kelley H. H. & Thibaut J. W. (1978): Interpersonal Relations: A Theory of Interdependence.

Kihlstrom, J. F. & Klein, S. B. (1994): The self as a knowledge structure. In R. S. Wyer & Srull, T. K. (Eds.), Handbook of Social Cognition; Vol. 1: Basic Processes, 2nd. Ed., (S. 153-208), Hillsdale

Kreikebaum, H. & Herbert, K.-J.(1988): Humanisierung der Arbeit: Arbeitsgestaltung im Spannungsfeld ökonomischer, technologischer und humanitärer Ziele. Wiesbaden

Kroeber-Riel, W.(1992): Konsumentenverhalten; 5., überarb. u. erg. Aufl. München

Kruger, J. & Dunning, D. (1999): Unskilled and unaware of it. How difficulties in recognizing one's own incompetence lead to inflated self-assessments. J Pers Soc Psychol 77(6) 1121–1134 (online 20.12.2012)

Kruglanski, A. W., Baldwin, M. W. & Towson, S. M. J. (1985): Die Theorie der Laienepistomologie. In Frey, D.&Irle, M. (Hrsg.) Theorien der Sozialpsychologie. Band 3: Motivations- und Informationsverarbeitungstheorien (S. 293-314). Bern

Lack, D. (1940): Pair formation in birds. Condor, 42, S (S.269-286.)

Lazarus, R. S. (1991): Cognition and Motivation in Emotion. American Psychologist, 46, (S. 352-367.)

Lazarus, R. S (1999): Stress and Emotion. A new Synthesis. Free Association Books, London,

Leary, M. R. & Baumeister, R. F. (2000): The nature and function of self-esteem: Sociometer theory. In M. P. Zanna (Ed.), Advances in experimental social psychology ;Vol. 32, (S. 1-62), San Diego

LeDoux, J. E. (1994): Emotion, Memory and the Brain. Scientific American, June, (S. 32-39)

LeDoux, J. E. (2001): Das Netz der Gefühle: wie Emotionen entstehen; Aus dem Engl. von Friedrich Griese. - Ungekürzte Ausg.. - München

Lerner, M. J. (1980): The belief in a just world: A fundamental delusion. New York

Leonard, N. H., Beauvais, L. L. & Scholl, R. W.(1999): Work motivation: The incorporation of self based processes. Human Relations, 52, (S. 969-998)

Locke, E. A. & Latham, G. P. (1990): A theory of goal setting and task performance. New York

Lorenz, K. (1973): Das sogenannte Böse. München

Lorenz, K. (1973): Die Rückseite des Spiegels. Versuch einer Naturgeschichte menschlichen Erkennens. München, Zürich

Makova, K. D. & W.-H. Li (2002): Strong male-driven evolution of DNAsequences in humans and apes. Nature 416 (S. 624-626)

Maslow, A. H.(1989): Motivation und Persoenlichkeit; Reinbek b. Hamburg

Masters, W. H. & Johnson, V.E. (1966): Human sexual response. Boston

McClelland, C. D. (1961): The Achieving Society, Princeton, New York

McClelland, D. C. (1978): Macht als Motiv. Stuttgart

McClelland, D. C. & Burnham, D. (1975): Power is the great motivator. Harvard Business Rev. 25, (S.159-166)

McGivern, R. F., Andersen, J., Byrd, D., Mutter, K. L.& Reilly. J.(2002): "Cognitive efficiency on a match to sample task decreases at the onset of puberty in children". Brain and Cognition Vol. 50, No. 1, pp. 73-89
McGregor, D. (1960): The Human Side of Enterprise. New York

Merton, R. K. (1963): The Self-Fulfilling Prophecy. Social Theory and Social Structure. Glencoe: Free Press. 421-430 (S. 179-195)

Meyer, W.-U., Schützwohl, A. & Reisenzein, R. (2001): Einführung in die Emotionspsychologie, Band 1 (2. Aufl.). Göttingen

Miller, D. T., & Ross, M. (1975): Self-serving bias in the attribution of causality: Fact or fiction? Psychological Bulletin, 82, 213-225.

Möller, H.-J., Laux, G. & Deister, A. (1996): Psychiatrie. Stuttgart

Mummendey, H. D. & Bolten, H.-G. (1985): Die Impression - Management - Theorie. In Frey, D. & Irle. M. (Hrsg.) Theorien der Sozialpsychologie. Band 3: Motivations- und Informationsverarbeitungstheorien (S. 57-77). Bern

Murdock, G. F. (1967): Ethnographic atlas, Pittsburgh. In Buss, D. M. & Schmitt, D. P. (1993): Sexual strategies theory: An Evolutionary Perspective on Human Mating. Psychological Review, 100, 2, (S. 204-232)

Nave-Herz, R. (1988): Kinderlose Ehen - Eine empirische Studie über kinderlose Ehepaare und die Gründe für ihre Kinderlosigkeit, Weinheim

Platon (1990): Werke: in 8 Bänden. griech.-dt. Hersg. Gunther Eigler, Darmstadt

Poppelreuter, S. (1997): Arbeit ist das ganze Leben - Eine empirische Studie zum Thema Arbeitssucht. In W. Gross (Hrsg.), Karriere(n) in der Krise - Die seelischen Kosten des beruflichen Aufstiegs (S. 68-83). Bonn

Porter, L. W. & Lawler, E. E. (1968): Managerial attitudes and performance, Homewood

Reichel, R. & Topper, K. (2003): Prostitution: der verkannte Wirtschaftsfaktor; Zeitschrift "Aufklärung und Kritik", Zeitschrift für freies Denken und humanistische Philosophie Herausgegeben von der Gesellschaft für kritische Philosophie Nürnberg Sonderdruck

Rheinberg, F. (2002): Freude am Kompetenzerwerb, Flow-Erleben und motivpassende Ziele. In: M. von Salisch (Hrsg.), Emotionale Kompetenz entwickeln, Stuttgart: Kohlhammer.

Rolls, E.T. (1999): The Brain and Emotion. Oxford University Press, New York, Oxford.

Ross, M., & Fletcher, G. (1985): Attribution and social perception. In G. Lindzey & E. Aronson (Eds.), Handbook of social psychology. Vol. 2. New York, Random House, (S. 73-122)

Roth, G. (2001)[1]: Fühlen, Denken, Handeln. Wie das Gehirn unser Verhalten steuert. Frankfurt a. M.

Ryan, R. M. & Deci E. L.(2000): Self-determination theory and the facilitation of intrinsic motivation, social development, and well-being. American Psychologist, 55, (S. 68-78)

Ryan, R. M. & Deci E. L.(2000): Intrinsic and extrinsic motivations: Classic definitions and new directions. Contemporary Educational Psychology25, (S. 54-67)

Schachter, S. (1959): The psychology of affiliation, Stanford: University Press.

Schachter, S. & Singer, J. E. (1962): Cognitive, social and physiological determinants of emotional state, Psychol. Rev.69, (S. 379-407)

Schulz von Thun, F. (1981): Miteinander reden 1. Reinbek bei Hamburg: Rowohlt.

Schwarzer, R. (1998): Themenheft Selbstwirksamkeit, Unterrichtswissenschaft 26, H. 2, (S. 98-172)

Sherif, M. & Sherif, C. W. (1967): Attitudes as the individual's own categories: The social-judgment approach to attitude and attitude change. In C. W. Sherif and M. Sherif (eds.), Attitude, ego-involvement and change (S.105-139). New York

Sherwin, B. B. (1988): Affective changes with estrogen and androgen replacement therapy in surgically menopausal women J Affect Disord.;14: (S. 177-187) In Buss, D. M. & Schmitt, D. P. (1993): Sexual strategies theory: An Evolutionary Perspective on

Human Mating. Psychological Review, 100, 2, (S. 204-232)

Silbernagel, S. & Despopoulos A. (1983): Taschenatlas der Physiologie, 2. überarbeitete und erweiterte Auflage, Stuttgart

Simonsen,I. & Staw, B.M. (1992): Deescalating strategies: A comparison of techniques for reducing commitment to losing courses of action. Journal of Applied Psychology, 77, (S. 419-426)

Skinner B. F. (1938): Superstition in the pigeon; in Journal of Experimental Psychology, 38, (S. 168-172)

Skinner, B.F.(1953): Science and Human Behavior. New York

Snyder, M. (1982): When believing means doing: Creating links between attitudes and behavior. In M. Zanna, E. Higgins, & C. Herman (Eds.) Consistency in Social Behavior: The Ontario Symposium, vol 2 (S. 105-130). Hillsdale, New York

Statistisches Bundesamt Fachserie 12 Reihe 3 Sonderdruck Gesundheit Schwangerschaftsabbrüche 2011, Wiesbaden 2012

Stahlberg, D., Osnabruegge G. & Frey, D. (1985): Die Theorie des Selbstwertschutzes und der Selbstwerterhoehung. In: Frey, Dieter & Irle, Martin (1985). Theorien der Sozialpsychologie. Band III: Motivations- und Informationsverarbeitungstheorien; (S. 79-124) Bern

Staw, B. M. (1997): The escalation of commitment: An update and appraisal. In Z. Shapira (Hrsg.), Organisational decision making (S. 191-215). Cambridge

Stroebe, R. W. & Stroebe, G. (1984): Motivation. Heidelberg

Taylor, F. W. (1911): The principles of scientific management. New York

Taylor, P. A. & Glenn, N. D. (1976): The utility of education and attractiveness for females´ status attainment through marriage. American Sociological Review, 41, (S. 484-498)

Thibaut, J. W. & Kelley, H. H. (1959): The social psychology of groups. New York

Townsend, J. M. & Levy, G. D. (1990): Effects of potential partner´s physical attractiveness and socioeconomic status on sexuality and partner selection. Archives of Sexual Behaviour, 19, (S. 149-164)

Trivers, R. L. (1972): Parental investment and sexual selection. In B. Campbell (Hrsg.), Sexual selection and the descent of man 1871-1971 (S. 136-179). Chicago: Aldin. In Buss, D. M. & Schmitt, D. P. (1993): Sexual strategies theory: An Evolutionary Perspective on Human Mating. Psychological Review, 100, 2, (S. 204-232)

Trivers, R. L. (1985): Social evolution. Menlo Park: Benjamin Cummings.

Vandenberg, S. (1972): Assortative mating, or who married whom? Behavior Genetics, 2, (S.127-158) in: Buss, D. M. & Schmitt, D. P. (1993): Sexual strategies theory: An evolutionary perspective on human mating. Psychological Review, 100, (S. 204-232)

Vroom, V.(1964): Work and motivation. New York, 9. Auflage

Walster, E. Walster, G. W. & Berscheid, E. (1978): Equity: Theory and research, Boston

Watzlawick, P., Beavin, J., Jackson, D. (1974). Menschliche Kommunikation. Formen, Störungen, Paradoxien, 4. Aufl. Bern

Weiner, B. (1976, Original 1972): Theorien der Motivation. Stuttgart

Weiner, B. (1976): Attributionstheoretische Analyse von Erwartungs - mal - Nutzenstheorien. In: Leistungsmotivation und Verhalten; Stuttgart

White, R. W. (1959): Motivation reconsidered: The concept of competence. Psychological Review, 66, (S. 297-333)

Whitley, B. E., & Frieze, I. H. (1985): Children's causal attributions for success and failure in achievement settings: a meta-analysis. Journal of Educational Psychology, 77, (S. 608-616)

Wickler, W. & Seibt, U. (1977): Das Prinzip Eigennutz. Hamburg

Wolf, U. (1999): Tugend und Glück. Was Platon und Aristoteles lehren. In: Glück und Gerechtigkeit. Moral am Ende des 20. Jahrhunderts. Hrsg.: R. Stäblein; Frankfurt/M und Leipzig

Wrangham, R. W. (1986): Ecology and social relationship in two species of chimpanzee. In D.J. Rubenstein & R.W. Wrangham (Hrsg.), Ecological aspects of social evolution (S. 352-378). Princeton: Princeton University Press.

Zuckerman, M. (1979): Attribution of success and failure revisited, or: The motivational bias is alive and well in attribution theory. Journal of Personality, 47

Quellen aus dem Internet:

Aristoteles (384 - 322 v. u. Z.): Nikomachische Ethik. Zweite Auflage; der neuen Übersetzung erste Auflage. Übersetzt und mit einer Einleitung und erklärenden Anmerkungen versehen von Dr.theol. Eug. Rolfes, Leipzig 1911; im Internet auf:
<http://gutenberg.spiegel.de/aristote/nikomach/nikomach.htm> *ff (04.11.2012)*

Bentham, J. (1787): Defence of Usury; (20.05. 2003) im Internet auf:
<http://socserv2.socsci.mcmaster.ca/~econ/ugcm/3ll3/bentham/> *usury*

Darwin, Ch. (1872): The Origin of Species by Means of Natural Selection, or The Preservation of Favoured Races in the Struggle for Life; 6th edn
London: John Murray, veröffentlicht von John van Wyhe Ph.D. im Internet auf:
<http://pages.britishlibrary.net/charles.darwin/texts/origin_6th/origin_6thfm.html> *(20.05.2003)*

Epiktet (ca. 50 - 140 nChr): Encheiridion - Handbüchlein der Moral - Übersetzer: Rainer Nickel, im Internet auf:
http://www.uni-rostock.de/fakult/philfak/fkw/iph/strobach/veranst/therapy/epiktet.html *(12.07.2000)*

Gossen, H., H.(1854): Entwickelung der Gesetze des menschlichen Verkehrs, und der daraus fließenden Regeln für menschliches Handeln, Braunschweig: Friedrich Vieweg & Sohn, vollständige Ansicht in Google Books im Internet auf:
<http://books.google.de/books>

Macchiavellis Buch vom Fürsten. Nach A. W. Rehbergs Übersetzung mit Einleitung und Erläuterung neu herausgegeben von Dr. Max Oberbreyer. im Internet auf:
<http://www.gutenberg.org/ebooks/39816>
<http://www.niccolomachiavelli.de/der-fuerst>
Der Text folgt der Übersetzung von Johann Gottlob Regis 1842, ist jedoch der heutigen Rechtschreibung angepasst worden.

Piwinger M. & Ebert H.(1999): Impression Management - Zur Selbstdarstellung von Personen und Institutionen; PR Forum 5. Jg. (1999), Nr.1, (S. 15-19) erweiterte Fassung; im Internet auf: http://www.prforum.de/prfor/arch/ar1-99_4.htm (13. Mai 2003)

*Roth, G. (2001)[2]: Wie das Gehirn die Seele macht. Vortrag am 22. April 2001 bei den 51. Lindauer Psychotherapiewochen, im Internet auf:
http://www.lptw.de/vortraege2001/g_roth.html (20.07.2003)*

[1] Statistisches Bundesamtes Anzahl der Sterbefälle durch vorsätzliche Selbstbeschädigung (Suizide) in Deutschland von 1980 bis 2010 *im Internet auf:*
http://de.statista.com/statistik/daten/studie/583/umfrage/sterbefaelle-durch-vorsaetzliche-selbstbeschaedigung/ (15.11.2012)

*Statistisches Bundesamt DESTATIS Pressemitteilung vom 13. Januar 2003 im Internet auf:
http://www.destatis.de/presse/deutsch/pm2003/p0130092.htm*

Stiner, M. C. (2001): Thirty years on the "Broad Spectrum Revolution" and paleolithic demography Published online before print June 5, 2001, 10.1073/ pnas.121176198; Proc. Natl. Acad. Sci. USA, Vol. 98, Issue 13, 6993-6996, June 19,im Internet auf: http://www.pnas.org/cgi/content/full/98/13/6993 (12. Januar 2003)

[2] zitiert nach
http://www.welt.de/wissenschaft/article1202453/Maenner-fuehren-beim-Phaenomen-Selbstmord.html (15.11.2012)

[3]
http://www.m-ww.de/sexualitaet_fortpflanzung/lexikon/prostitution.html (20.Juni 2003)

[4] http://www.bka.de/pks/pks2011/index2.html
Polizeiliche Kriminalstatistik 2011 59. Ausgabe (10.11.2012)

[5] http://www.ilo.org/public/german/region/eurpro/bonn/aktuelles/gr_2010.htm
INTERNATIONALE ARBEITSKONFERENZ, 99. TAGUNG 2010, Bericht I (B) "Das Vorgehen gegen Kinderarbeit forcieren" Gesamtbericht im Rahmen der Folgemaßnahmen zur Erklärung der IAO über grundlegende Prinzipien und Rechte bei der Arbeit ISBN 978-92-2-721874-0 (web PDF) (21.11.2012)

[6] http://europa.eu/rapid/press-release_IP-11-678_de.htm?locale=en
Europäische Kommission - Pressemitteilung
Korruptionsbekämpfung: mehr Engagement für bessere Ergebnisse Brüssel, 6. Juni 2011.

[7] http://www.psychologie.uni-heidelberg.de/ae/allg/lehre/wct/e/E11/E1101hom.html
Autor: Prof. Dr. Joachim Funke (30.11 2012)

http://www.ethik-heckmann.de/dateien/lehren.pdf (05.April 2003)

[8] http://www.psy.uni-muenster.de/Prokrastinationsambulanz/prokrastination.html (21.11.2012)

[9] http://de.wikipedia.org/wiki/Fernsehpreis (30.11 2012)

[10] http://de.wikipedia.org/wiki/Liste_von_Theaterpreisen (30.11 2012)

Verzeichnis der Abbildungen

Abb 1	Naturprogramm	7
Abb 2	Wirkungen eines Erfolgserlebnisses auf das Selbstwertgefühl	8
Abb 3	Der Einfluss suboptimaler Leistungen auf das Selbstwertgefühl	10
Abb 4	Realitätsverschiebung selbstbezogen	13
Abb 5	Realitätsverschiebung fremdbezogen	18
Abb 6	Relativer Selbstwert	19
Abb 7	Relativer Selbstwert nach Mobbing	21
Abb 8	Rationaler Energieeinsatz allgemein	49
Abb 9	Rationaler Energieeinsatz im Arbeitsleben	58
Abb 10	Erwartungen	69
Abb 11	Quellen und Richtungen der Motivation	83
Abb 12	Quellen und Richtungen der Motivation II	86
Abb 13	Schaubild der Motivationsstruktur	98
Abb 14	Schaubild der Aktivitäten	99
Abb 15	Menschenprogramm	110
Abb 16	Ablauf Spontanverarbeitung	118
Abb 17	Ablauf Rationalverarbeitung	119

www.ifm-motivation.de
www.ifm-bildung.de
www.personaleinstellung.de
www.persperfect.de

www.ingramcontent.com/pod-product-compliance
Lightning Source LLC
Chambersburg PA
CBHW030828230426
43667CB00008B/1432